Hauswirtschaft⁺

Personen anleiten und miteinander kommunizieren

Ricarda Gumprich
Daniela Katz-Raible
Bianca Schuster

Dr. Felix Büchner • Handwerk und Technik • Hamburg

Geleitwort

Im Team zu handeln, Personen im Praktikum oder Jugendliche bei der Berufsorientierung in die Tätigkeiten der Hauswirtschaft einzuführen, Mitarbeitende in Prozessabläufen mitzunehmen und Kundschaft anzunehmen gehört zum Alltag in hauswirtschaftlichen Dienstleistungsbetrieben.

Die neue Ausbildungsordnung vom März 2020 hat dies als Lernziel ausgewiesen und im Rahmenlehrplan im Lernfeld 14 verankert.

Bei der Personalplanung mitwirken und Personen anleiten gehört zu den wesentlichen Kompetenzen einer Hauswirtschafterin/eines Hauswirtschafters. Um diese Kompetenz zu erreichen und als hauswirtschaftliche Fachkraft einzusetzen, erlernt man in der Ausbildung Grundkompetenzen der Kommunikation und der Persönlichkeitsbildung. Nicht nur Fachkompetenz, sondern verstärkt auch die Personale Kompetenz der Sozialkompetenz und Selbstständigkeit sind gefragt.

Hauswirtschafterinnen und Hauswirtschafter sind Teamplayer vom ersten Kontakt mit Bewohnerinnen und Bewohnern, Gästen oder der Kundschaft bis hin zum Feedback, das Rückmeldung zur geleisteten Arbeit und zum Vorgehen gibt.

Auf dem Weg zum Ziel, eine erfolgreiche hauswirtschaftliche Fachkraft zu werden, unterstützt Sie dieses Fachbuch, um diese Kompetenzen, ohne die Dienstleistung jeglicher Art nicht zufriedenstellend erbracht werden kann, zu erreichen.

Im Ergebnis sollen sich aufgeschlossene, kommunikativ fitte Hauswirtschafterinnen und Hauswirtschafter zeigen, die kunden- und anlassbezogen reagieren und agieren: Sie überzeugen die Gäste und motivieren Mitarbeitende durch strukturiertes Planen, empathievolles Handeln und selbstbewusstes Auftreten.

Mit meinen Schulungen wurden in einem Jahr über 1.000 Ausbilderinnen und Ausbilder, Lehrende und Prüfende erreicht, dabei wurden die wichtigen Kompetenzen, Kommunikation, Teamplay und Feedbackkultur verdeutlicht.

Ich wünsche mir, dass die Hauswirtschaft selbstbewusst und kompromisslos professionell auftritt. Dass sie im Umgang mit Gästen, Mitarbeitenden, zu versorgenden und zu betreuenden Menschen einen zeitgemäßen und kompetenten Einsatz erbringt.

Anita Groh-Allgaier

Vorsitzende AK Berufliche Bildung und stellv. Vorsitzende Sektion Bildung, Deutscher Hauswirtschaftsrat

ISBN 978-3-582-04236-1 Best.-Nr. 4236

Verlag Dr. Felix Büchner GmbH & Co. KG – Handwerk und Technik GmbH,
Lademannbogen 135, 22339 Hamburg; Postfach 63 05 00, 22331 Hamburg – 2021
E-Mail: info@handwerk-technik.de – Internet: www.handwerk-technik.de

Satz und Layout: CMS – Cross Media Solutions GmbH, 97082 Würzburg
Umschlagmotiv: monkeybusinessimages/iStockphoto.com
Druck: Elbe Druckerei Wittenberg GmbH, 06886 Lutherstadt Wittenberg

Inhalt

Weitere Informationen und zusätzliche Materialien sowie ausgewählte Lösungen befinden sich im Zusatzmaterial (Link s. Umschlaginnenseite).

Lernsituation

Im Generationenzentrum Hohenberg findet jedes Jahr ein großes Sommerfest für alle Interessierten aus der Umgebung statt. Zu Gast sind neben den Bewohnerinnen und Bewohnern auch deren Angehörige, Familien der Kitakinder sowie die Mitarbeitenden und deren Angehörige. Als Ehrengäste kommen gerne Stadtoberhaupt, Vertreterinnen und Vertreter der Kirchen und Religionsgemeinschaften des Stadtteils sowie die Nachbarschaft aus dem Quartier Hohenberg.

Generationszentrum Hohenberg

Das große Miteinander:

Alt und Jung unter einem Dach

Unter Einbeziehung des gesamten Stadtteils/Quartiers begegnen sich mehrere Generationen und erleben eine erhöhte Lebensqualität. Mithilfe von Kinder- und Senioreneinrichtungen sowie mit Angeboten für Erwachsene fördert das Generationenzentrum das offene Miteinander aller Generationen.

Einfach für Alle:

Eltern und Kinder im Kita- und Familienbereich, junge und alte Menschen mit Behinderungen oder Pflegebedürftigkeit, Einheimische und in der Stadt Wohnende aus allen Kulturen im Quartierszentrum und alle Dienstleistende und das Gewerbe der Region

Quartier:

Quartier ist der Wohnraum und das Wohnumfeld, in dem Menschen sich versorgen, ihren Alltag gestalten und ihre sozialen Kontakte pflegen. Ein Quartierskonzept beinhaltet auch alle notwendigen Bausteine, die ältere Menschen benötigen, um in ihrem bisherigen Wohnquartier leben zu können.

Dieses Jahr soll es ein besonders großes Fest geben, da das Generationenzentrum auch 20-jähriges-Jubiläum feiert. Daher werden die Aufgaben (Rahmenprogramm und Betreuung, Verpflegung und Housekeeping) aufgeteilt und drei unterschiedlichen Teams übertragen. Durch regelmäßige Besprechungen innerhalb und zwischen den Teams, soll der Informationsfluss gewährleistet werden.

Den Auszubildenden im dritten Ausbildungsjahr wird die projektförmige Leitung der Teams übertragen. Das Projekt dient der Vorbereitung auf die Prüfung – dem Betrieblichen Auftrag. Die Auszubildenden sind angehalten, regelmäßig ihre Ideen mit der Hauswirtschaftsleiterin, dem Küchenleiter und dem Leiter des Haustechnikteams abzusprechen und über den aktuellen Stand zu informieren.

Team 1: Rahmenprogramm und Betreuung: Dieses Team bereitet das Rahmenprogramm und verschiedene Aktionen für die Besuchende des Festes vor. Ansprechpartner des Teams ist neben der Hauswirtschaftsleitung auch Frau Petzold die Geschäftsführerin des Generationenzentrums.

Team 2: Verpflegung: Dieses Team kümmert sich um die Verpflegung zum Sommerfest. Es soll neben dem Imbissangebot und einem Nachmittagskaffee auch am Vorabend einen festlichen Empfang für die Ehrengäste und Mitarbeitende geben. Ansprechpartner des Teams ist neben der Hauswirtschaftsleitung auch der Küchenleiter Herr Meier.

Team 3: Housekeeping: Dieses Team ist damit beauftragt, die Räumlichkeiten vorzubereiten (Reinigung, Bestuhlung, Technik und Dekoration) und nach den Feierlichkeiten wieder aufzuräumen. Ansprechpartner des Teams ist neben der Hauswirtschaftsleitung auch Herr Kluge, der Leiter der Haustechnik und des Gartenteams.

Vorstellung der Teammitglieder

Team 1: Rahmenprogramm und Betreuung:

- **Mirko** (17) ist Auszubildender zum Hauswirtschafter im ersten Ausbildungsjahr. Er hat aufgrund eines Praktikums in einer Wohngruppe für Menschen mit Behinderung den Schwerpunkt personenbetreuende Dienstleistungen gewählt. Mirko ist von Geburt an schwerhörig. Er ist erst seit wenigen Monaten Auszubildender am Generationenzentrum.
- **Silke** (18) ist Schülerin der Altenpflegeschule. Sie ist ehrenamtlich im Musikverein tätig und spielt dort Querflöte. Silke arbeitet gerne mit Menschen und ist ein richtiges Energiebündel.
- **Kira** (33) ist Elternsprecherin des Generationenzentrums, sie ist im Sportverein aktiv und betreut dort mehrere Kindertanzgruppen. Sie wohnt mit ihrem Mann und den zwei Kindern in der Nachbarschaft.
- **Hildegard Noller** (78) ist Bewohnerin und Sprecherin des Bewohnerbeirats. Sie war in ihrem Berufsleben Chefsekretärin in einer großen Kanzlei und ist ein richtiges Organisationstalent. Sie möchte die Interessen der Bewohner und Bewohnerinnen in Sachen Rahmenprogramm vertreten.
- **Magda** (22) ist Erzieherin in der Kita des Generationenzentrums. Sie ist die Tochter der Geschäftsführerin Frau Petzold. In ihrer Freizeit malt sie gerne und ist Mitglied einer Laien-Theatergruppe.

Team 2: Verpflegung:

- **Leon** (16) absolviert zur Berufsorientierung ein halbjähriges Praktikum in der Küche und möchte nächstes Jahr eventuell mit einer Kochausbildung beginnen. Durch die Mitarbeit im Team soll er auch die Aufgaben und Tätigkeiten eines Hauswirtschafters kennenlernen.
- **Sophia** (45) ist Küchenhilfe. Sie ist eine schnelle und sehr hilfsbereite Arbeiterin und bringt schon morgens gute Laune in die kalte Küche, in der Sie am häufigsten eingesetzt ist. Der Küchenleiter hat sie gebeten das Team zu unterstützen.
- **Inge Hartmann** (71) ist Ehrenamtliche im Freundeskreis des Generationenzentrums. Vor ihrem Renteneintritt war sie die Betreiberin des Cafés in der Passage des Generationenzentrums. Sie ist gelernte Konditorin und Bäckermeisterin.
- **Beate** (35) hat in ihrer Erstausbildung zur Köchin in einem renommierten Restaurant gelernt. Nach ihrer Familienzeit hat sie eine Umschulung zur Präsenzkraft abgeschlossen, um mehr Zeit für ihre Familie zu haben. In der Seniorenwohngruppe ist sie halbtags beschäftigt und zu ihren Hauptaufgaben gehört das gemeinsame Kochen mit den 12 Bewohnern.

Team 3: Housekeeping:

- **Lydia** (50) ist langjährige Reinigungskraft im Generationenzentrum und hat sich freiwillig für die Aufgabe gemeldet. Sie ist bei den Mitarbeitenden bekannt und sehr beliebt, da Sie zuverlässig ist und sich um das Wohl ihrer Kolleginnen und Kollegen kümmert. Sie hat immer Süßigkeiten zur Hand und einen Rat auf den Lippen. Beim Reinigen ist sie von ihrer eigenen Technik, die sie über die Jahre entwickelt hat, überzeugt.
- **Holger** (21) absolviert seinen Bundesfreiwilligendienst in der Haustechnik und hat bereits eine Ausbildung zum Elektriker abgeschlossen.
- **Hülya** (20) macht die Ausbildung zur Hauswirtschafterin im zweiten Ausbildungsjahr und hat vorher in einem Hotel gearbeitet. Ihre Eltern haben einen Blumenladen, weshalb Sie sich sehr gut mit Dekorationen und Pflanzen auskennt.
- **Eberhard Pflüger** (73) wohnt im Betreuten Wohnen. Seine Frau war stark pflegebedürftig und ist letztes Jahr verstorben. In seinem Berufsleben war er Landschaftsgärtner mit eigenem Unternehmen. Er freut sich, dass er nun im Generationenzentrum einen Teil des Gartens mitgestalten durfte und hilft regelmäßig bei der Gestaltung und Pflege des Gartens mit.
- **Ali** (18) ist im zweiten Jahr seiner Ausbildung zum Fachpraktiker in der Hauswirtschaft. Er packt immer mit an, muss aber manchmal auf die Arbeit aufmerksam gemacht werden. Seine vergessliche und manchmal tollpatschige Art hat schon häufiger für Lacher gesorgt – am lautesten von ihm selbst.

Im Verlauf des Buchs werden sich immer wieder Aufgaben und Situationen auf die hier beschriebenen Teams beziehen. Wählen Sie ein Team aus bzw. teilen Sie die Teams in Ihrer Klasse auf. Sie sind in der Rolle der Auszubildenden im dritten Ausbildungsjahr und übernehmen die projektförmige Teamleitung bis zum Sommerfest in sechs Monaten.

1 Grundlagen der Kommunikation

Kommunikation ist die Weitergabe einer Information oder einer Nachricht. Sie ist die Grundlage für das Zusammenleben von Menschen. In jeder Beziehung zwischen Menschen findet bewusste und unbewusste Kommunikation statt. Bei der Kommunikation stehen sich immer eine sendende und mindestens eine empfangende Person gegenüber.

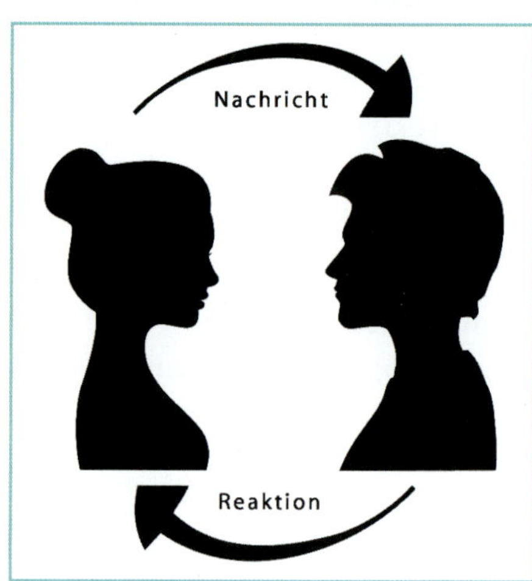

Kommunikationsmodell

Kommunikation:

Austausch von Informationen zwischen Personen und die Verständigung untereinander.

Nonverbale Kommunikation:

Verständigung, die nicht mithilfe der Sprache erfolgt, sondern durch die Körpersprache. Z.B. Gestik, Mimik, Körperhaltung, Handlung

Verbale Kommunikation:

Verständigung über oder durch die Sprache

Gesten:

Ausdrucksbewegungen des Körpers während des Sprechens, insbesondere durch Hand- und Armbewegungen, die eine Aussage über das seelische Erleben der Person übermitteln

Mimik:

Aussage durch Gebärden und Mienenspiel des Gesichts, Ausdruck des eigenen seelischen Erlebens

1.1 Verbale vs. Nonverbale Kommunikation

Bei Kommunikation wird häufig zuerst an Austausch durch Worte also mithilfe von Sprache gedacht. Das ist die verbale Kommunikation. Sie kann durch gesprochene oder geschriebene Wörter stattfinden. Beim Sprechen spielen außerdem Lautstärke und Tonfall eine Rolle. Durch lautes oder leises Sprechen, einen freundlichen oder ärgerlichen Tonfall werden zusätzliche Signale – neben der Sprache – ausgesendet.

Aber auch durch Körperhaltung, Gesten oder Mimik findet Kommunikation statt. Dies ist die nonverbale Kommunikation. Nonverbale Kommunikation findet unbewusst statt und kann daher nicht kontrolliert werden.

Durch sie wird die Gefühlslage der sprechenden Person deutlich. Nonverbale Signale verstärken oder lenken eine Botschaft, wie ein Lächeln beim Ausrichten von Glückwünschen. Das Besondere an der nonverbalen Kommunikation ist, dass sie auch ohne Sprache auskommt. So kann ein aufmunterndes Zunicken oder ein mitfühlender Händedruck alles sagen, ohne weitere Worte zu benutzen. Nonverbale Botschaften können – da sie unbewusst gesendet werden – aber auch zu Missverständnissen führen. Ein freundliches Lächeln kann falsch interpretiert als boshaft empfunden werden. Das hängt von der Beziehung zwischen den kommunizierenden Personen oder der Stimmung der Beiden ab. Um solche Irrtümer zu verhindern, sollten sich diese zunächst bewusst gemacht werden. Dann kann beim Kommunizieren darauf geachtet werden.

Ein Wörterbuch für die nonverbalen Kommunikation gibt es nicht. Trotzdem folgt sie unausgesprochenen Regeln, die im Laufe des Lebens durch Erfahrungen erlernt werden. So weiß zum Beispiel jeder Mensch instinktiv, wann ein Händeschütteln zur Begrüßung zu Ende ist.

Beispiele Nonverbaler Kommunikation

Körperhaltung	Vor dem Körper verschränkte Arme, gerade oder gebeugte Körperhaltung, übereinander geschlagene Beine, Beine breit aufgestellt	
Gesten	Schnelle Handbewegungen, Finger an der Lippe, gefaltete Hände, Augenzwinkern, erhobener Daumen	
Mimik	Aufgerissene Augen, lachender Mund, hochgezogene Augenbrauen, gerunzelte Stirn	

1.2 Vier Seiten einer Nachricht

Jeder Kommunikation beruht auf dem „Vier-Seiten-Modell“ von Friedemann Schulz von Thun. Dieses Modell sagt aus, dass jede Nachricht vier Ebenen hat:

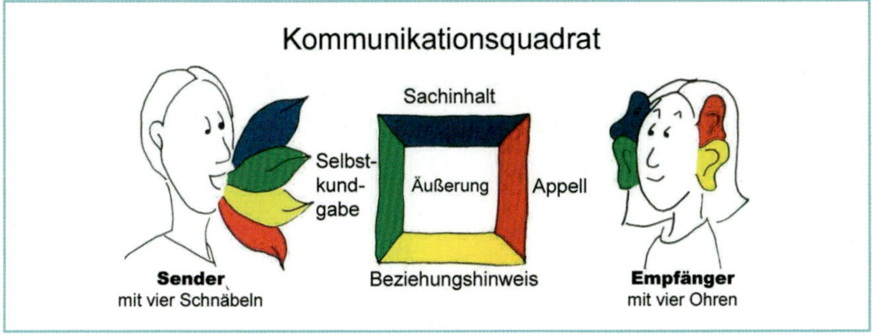

Das Kommunikationsquadrat

Holger und Ali besprechen, welche Lichterdekoration sie für das Sommerfest im Garten anbringen wollen. Die beiden arbeiten das erste Mal zusammen und kennen sich daher noch nicht so gut. Sammeln Sie in der Klasse verschiedene Arten zu Sprechen (z. B. laut, hoch, flüsternd, gleichgültig...) und unterschiedliche Gefühlslagen (z. B. wütend, glücklich, traurig, unsicher...) auf Karten. Ziehen Sie jeweils eine Karte und führen Sie das beschriebene Gespräch mit Ihrem Gegenüber so, wie es Ihnen Ihre Karte vorgibt. Versuchen Sie im Anschluss zu erraten, was auf dem Papier der jeweils anderen Person steht.

Am leichtesten lässt sich dieses Modell anhand einer Situation erklären:
Kira hat vor drei Tagen eine lange Mail an Frau Noller geschrieben, aber bisher keine Antwort bekommen. Beim Spaziergang mit den Kindern trifft sie Frau Noller und spricht sie darauf an: „Ich habe Ihnen vor ein paar Tagen eine lange Mail geschrieben mit allen Informationen für den Auftritt der Kindertanzgruppe beim Sommerfest, aber Sie haben mir noch nicht geantwortet.“. Frau Noller antwortet „Ja stimmt, ich hatte noch keine Zeit dazu.“

1. Ebene Sachinhalt: die Information, die übermittelt werden soll.
In der Situation informiert Kira Frau Noller über die E-Mail und ihren Inhalt. Unklar ist, was Kira mit dieser Nachricht erreichen möchte. Die Reaktion von Frau Noller zeigt, dass sie die Mail gelesen hat.

2. Ebene Selbstoffenbarung: Informationen über den Sender.
Kira offenbart in der Situation möglicherweise, dass sie enttäuscht ist, weil Frau Noller noch nicht auf ihre E-Mail geantwortet hat. Frau Noller offenbart, dass sie eventuell unter Zeitdruck steht und sich daher vielleicht nicht um Kiras Angelegenheiten kümmern kann.

3. Ebene Beziehung: das Verhältnis zwischen sendender und empfangender Person.
Die Beziehung von Kira und Frau Noller wird deutlich. Es zeigt sich, was Kira von Frau Noller hält, wie zum Beispiel „Frau Noller sitzt den ganzen Tag nur rum und trinkt Kaffee!“ oder „Frau Noller macht es richtig, die genießt ihre Rente.“ Frau Nollers Gedanken in der Situation abhängig von der Beziehung könnten beispielsweise sein „Die Kira ist einfach gestresst, kein Wunder mit Arbeit und Familie. Ich sollte sie mehr unterstützen!“ oder „Wie redet denn Kira mit mir? Ich habe auch noch andere Sachen zu tun als dieses Sommerfest...“

4. Ebene Appell: die Wirkung, die mit der Nachricht erreicht werden soll. Der Appell wird von der Beziehungsebene beeinflusst.
In der beschriebenen Situation konnte der Appell von Kira sein: „Ich opfere meine wenige Freizeit für die Mail und Sie antworten mir einfach nicht.“ Frau Nollers Reaktion könnte sein: „Tut mir leid Kira, ich habe es einfach vergessen. Es kommt nicht mehr vor.“

Was die empfangende Person wirklich mitteilen möchte, wird erst durch die nonverbalen-Signale deutlich. Deshalb ist es wichtig, diese möglichst mit den gesprochenen Worten wahrzunehmen. So werden Missverständnisse vermieden!

Wertschätzende Kommunikation:

Positive Achtung und Haltung gegenüber Gesprächspartnern

1.3 Kommunikationsregeln

Grundlage jeder Beziehung sollte eine wertschätzende Grundhaltung für den Gegenüber sein, die sich auch in der Kommunikation widerspiegelt. Denn eine solche Grundhaltung führt besonders im Arbeitskontext (Gesamtzusammenhang) dazu, dass Menschen aus ihrer eigenen Motivation heraus, Aufgaben optimal bearbeiten wollen und so bestmögliche Ergebnisse erreichen. Durch eine wertschätzende Kommunikation werden Akzeptanz, Offenheit und Vertrauen erreicht, welche die Basis für eine qualitativ hochwertige Leistung darstellen.

Bei einer wertschätzenden Kommunikation ist zu beachten,
- dass die Kommunikation auf Augenhöhe stattfindet (nicht „von oben herab“) und
- dass die miteinander kommunizierenden Personen sich gegenseitig als Menschen mit Gefühlen und Bedürfnissen sehen.

Achte auf Deine Gedanken, denn sie werden Worte. Achte auf Deine Worte, denn sie werden Handlungen. Achte auf Deine Handlungen, denn sie werden Gewohnheiten. Achte auf Deine Gewohnheiten, denn sie werden Dein Charakter. Achte auf Deinen Charakter, denn er wird Dein Schicksal. *Quelle: Talmud*

Beim Brainstorming für den Nachmittagskaffee erzählt Beate, dass sie schon die Kuchenrezepte für das Fest rausgesucht hat. Frau Hartmann erwidert „Aus meiner Ausbildung und der Zeit im Café kenne ich ganz viele sehr gute Kuchen.“
Erläutern Sie an diesem Beispiel die vier Seiten einer Nachricht.

Eine klare, einfühlsame und damit wertschätzende Kommunikation verhindert Konflikte. Gleichzeitig wird ermöglicht, eine Verbindung zum Gegenüber herzustellen.

Wertschätzende Kommunikation ist von gegenseitigem Interesse und aktivem Zuhören geprägt. Beim aktiven Zuhören geht es darum, dem Gegenüber deutlich zu machen, dass die Gedanken und Worte nachvollzogen und verstanden werden. Das kann beispielsweise durch Nicken, Gestik und Mimik sowie Bestätigungslaute („mhm“, „aha“) erreicht werden. Es verdeutlicht nicht nur Interesse, sondern die sprechende Person wird in ihrem Bericht bestätigt und unterstützt. Zum aktiven Zuhören gehört auch, sich Zeit zu nehmen, den Gegenüber aussprechen zu lassen und sich nicht gleichzeitig mit anderen Dingen zu beschäftigen. So kann außerdem viel besser wahrgenommen werden, was der Gegenüber wirklich meint, aber eventuell nicht ausgesprochen hat. Zum aktiven Zuhören gehören außerdem die folgenden Methoden:

Beim **Paraphrasieren** geht es darum, mit eigenen Worten die Aussagen des Gegenübers zu wiederholen. Auf diese Weise wird zum Einen gezeigt, dass richtig zugehört wurde. Zum Anderen wird die sprechende Person animiert, Aussagen zu erläutern bzw. zu präzisieren. Missverständnisse lassen sich so leicht verhindern.

Beim **Spiegeln** (auch: Verbalisieren des Unausgesprochenen) werden die Emotionen, die die zuhörende Person wahrgenommen hat, in eigenen Worten ausgedrückt. Es dient dazu, den emotionalen Gehalt und die Gefühle der sprechenden Person besser zu verstehen. Außerdem kann diese ihre Aussagen nochmals reflektieren. Wenn nötig, können Gefühle noch einmal neu formulieren werden.

Für beide Techniken gilt, dass sogenannte schwebende Fragen zu nutzen sind. Diese geben zwar eine Interpretation des Gesagten wieder, lassen aber durchaus offen, was gemeint war.

Beim aktiven Zuhören wird sich Zeit genommen und nicht auf das Smartphone geschaut

Mögliche Satzanfänge für schwebende Fragen:

Mit anderen Worten...

Verstehe ich das richtig, dass...

Das klingt für mich, als wenn...

Lydia ist aufgefallen, dass Holger manchmal ganz schön nach Schweiß riecht. Sie weiß, dass die Mitglieder aus den Teams schon hinter Holgers Rücken über ihn lästern und will ihn deshalb darauf aufmerksam machen.

a. Bereiten Sie ein solches Gespräch mit Ich-Botschaften als Rollenspiel vor.

b. Überlegen Sie sich weitere schwierige oder unangenehme Situationen. Üben Sie die wertschätzende Kommunikation dieser im Rollenspiel. Achten Sie dabei darauf, mal auf beiden Seiten zu stehen (Person, die unangenehme Mitteilung macht bzw. Person, die diese erhält).

Ich-Botschaften

Ich-Botschaften zeigen, wie nach dem aktiven Zuhören und Ermuntern des Gegenübers die eigenen Gedanken und Gefühle mitgeteilt werden können. Darüber hinaus werden Beobachtungen und Schlussfolgerungen aus persönlicher Sicht und nicht als unbestrittene Wahrheit vermittelt. Auf diese Weise muss sich der Gegenüber nicht angegriffen fühlen. Die Person erfährt trotzdem, welche Wirkung die Aussagen haben. Ich-Botschaften zu formulieren ist nicht leicht. Es setzt voraus, sich der eigenen Gefühle und Bedürfnisse bewusst zu sein. Trotzdem lohnen sie sich, da sie eindeutig und ehrlich sind und so eine Situationsverbesserung erwirken.

> Eine gute, wertschätzende Kommunikation besteht in der richtigen Balance aus allen Methoden.

Fragen stellen

Wer? Was? Wann? Wo? Warum? Wie? Weshalb?

Durch Fragen wird Interesse signalisiert und ein Gespräch am Laufen gehalten. Zum richtigen Zeitpunkt gestellt, helfen sie, mehr über ein Thema zu erfahren und sich ein umfassendes Bild zu machen. Am besten eignen sich dafür offene Fragen, auch W-Fragen genannt. Sie laden den Gegenüber zu differenzierten Antworten ein und können nicht mit Ja oder Nein beantwortet werden. Vorsicht ist bei den Fragewörten „Warum" und „weshalb" gefragt, da sie den Gegenüber unabsichtlich in eine Verteidigungsposition bringen. Besser geeignet ist z. B. „Wie kam es dazu, dass…".

1.4 Kommunikationsstörungen

Kommunikationsstörung:

Von einer Kommunikationsstörung wird gesprochen, wenn die Information der sendenden Person an die empfangene Person unvollständig oder verfälscht ankommt.

Kommunikationsstörungen haben verschiedene Ursachen und Gründe.

Ursache/Grund	Ausprägung
Subjektive Wahrnehmung	Stimmung, Erfahrung, Vorgeschichte, Ansichten, Selbstwertgefühl
Verhalten	Verletzende/uneindeutige Worte, Dialekt, Fremdsprache, eingeschränkter Wortschatz, negative (z. B. aggressive, gelangweilte) Körpersprache
Beziehung	Rolle, problematisches, hierarchisches Verhältnis, fehlende Beziehung
Rahmenbedingungen	Laute Umgebung, Ablenkung, fehlende Aufmerksamkeit, Hörbehinderung

Herr Pflüger und Hülya arbeiten an der Blumendekoration und der Gestaltung des Gartens, der pünktlich zum Sommerfest in neuem Glanz erstrahlen soll. Aber irgendetwas stimmt nicht. Während der Arbeit im Garten erzählt Hülya von ihren Ideen, macht Vorschläge und ist Feuer und Flamme. Und Herr Pflüge? Er reagiert nicht.

a. Überlegen Sie, welche Ursachen für eine Kommunikationsstörung in der obigen Situation vorliegen könnten.

b. Machen Sie Vorschläge, wie Hülya in Zukunft diese Störungen verhindern kann. Bedenken Sie dabei, was Sie über wertschätzende Kommunikation gelernt haben.

Arbeitsplanung

2

Die Arbeitsplanung ist ein Teil der Arbeitsvorbereitung und beim Arbeiten ein grundsätzlicher Bestandteil. Zur Planung gehört die Gestaltung der Arbeitsverfahren oder die Bereitstellung von Personal und Betriebsmitteln. Aber auch die zeitliche Gliederung ist ein wesentlicher und wichtiger Bestandteil.

Arbeitsplanung wird für alle Vorhaben benötigt – egal, ob es sich um ein großes oder kleines Projekt oder um die tägliche Arbeit handelt.

Ein Arbeitsplan beschreibt die genaue Festlegung der Durchführung einer Arbeitsaufgabe unter Beachtung der Reihenfolge und Koordination der Arbeitsschritte.

Das Ziel der Arbeitsplanung ist es, die Arbeitsleistungen innerhalb eines Zeitrahmens zu koordinieren und die Arbeitsabläufe zielgerichtet zu definieren. Instrumente, die hierbei hilfreich sind, werden in diesem Kapitel genauer vorgestellt.

Arbeitsplanung nach Refa:

Die Arbeitsplanung legt fest, was, wie und mit welchen Mitteln gefertigt wird. Mithilfe der Arbeitsplanung wird die Arbeit durch Strukturierung der Aufgaben, Arbeitsvorbereitung und Arbeitsverteilung organisiert.

Meilensteine

Vor allem bei langen Projekten verlieren die Mitglieder leicht den Überblick. Hier können Meilensteine helfen: Das ist die sehr anschauliche Bezeichnung für markante Zwischenergebnisse bzw. kleine Ziele innerhalb eines Projekts. Mit einem festen Datum werden sie von Beginn an in der Projektplanung gekennzeichnet. Ein Meilenstein kann erst überschritten werden, wenn die damit zusammenhängenden Ergebnisse erledigt sind. Sinnvoll ist es deshalb, einen Meilenstein immer mit einer Teamsitzung zu kombinieren, um den Projektstatus zu überprüfen.

Meilensteine
- portionieren den Projektverlauf
- sorgen für Überschaubarkeit
- fokussieren auf Resultate
- beugen Aktivitäten auf den „letzten Drücker" vor
- sind konkret und knapp formuliert
- sind im Präsenz (Gegenwart) formuliert

Hildegard, Magda und Mirko machen sich Gedanken zu möglichen Meilensteinen in ihrem Team. Sie notieren dazu ein Datum für das Versenden der Einladungen sowie ein weiteres Datum, wann der Programmablauf des Sommerfestes feststehen soll.

Teilen Sie Ihre Klasse in drei Teams auf, wie Sie es aus der Lernsituation kennen. Überlegen Sie in den Gruppen welche (weiteren) Meilensteine wichtig sind. Legen Sie dafür jeweils ein Datum für die Meilensteine fest. Präsentieren Sie anschließend Ihre Ergebnisse in der Klasse.

Bei der Festlegung eines Datums ist es wichtig, dass dies auch realistisch auszuführen ist.

SMART-Regeln für die Festlegung von Meilensteinen:

Specific = Spezifisch; Ziele müssen eindeutig definiert sein.
Measurable = Messbar; Ziele müssen messbar sein.
Achievable = Akzeptiert; Ziele müssen von den Empfängern akzeptiert werden.
Relevant = Realisierbar; Ziele müssen möglich sein.
Timely = Terminierbar; zu jedem Ziel gehört eine klare Terminvorgabe, bis wann das Ziel erreicht sein muss.

2.1 Projektstrukturplan

Der Projektstrukturplan

gibt einen umfassenden Überblick über eine komplexe Projektaufgabe und bietet die Basis für Ablauf-, Zeit-, Personal- und Kostenplanung

Der Projektstrukturplan (abgekürzt: PSP) definiert, WAS an Aufgaben und Aktivitäten zu leisten ist, um ein Projekt durchzuführen. Er beschreibt Hauptaufgaben, Teilaufgaben und so genannte Arbeitspakete als kleinste Einheit. Diese Pakete werden über die Frage „Was ist alles zu tun in unserem Projekt?" ermittelt. Die anfallende Arbeit wird schrittweise immer weiter aufgegliedert. Das geschieht bis zu dem Punkt, wo eine weitere Aufteilung keinen Mehrwert mehr für z. B. die Planbarkeit und Möglichkeit der Fortschrittskontrolle bringt.

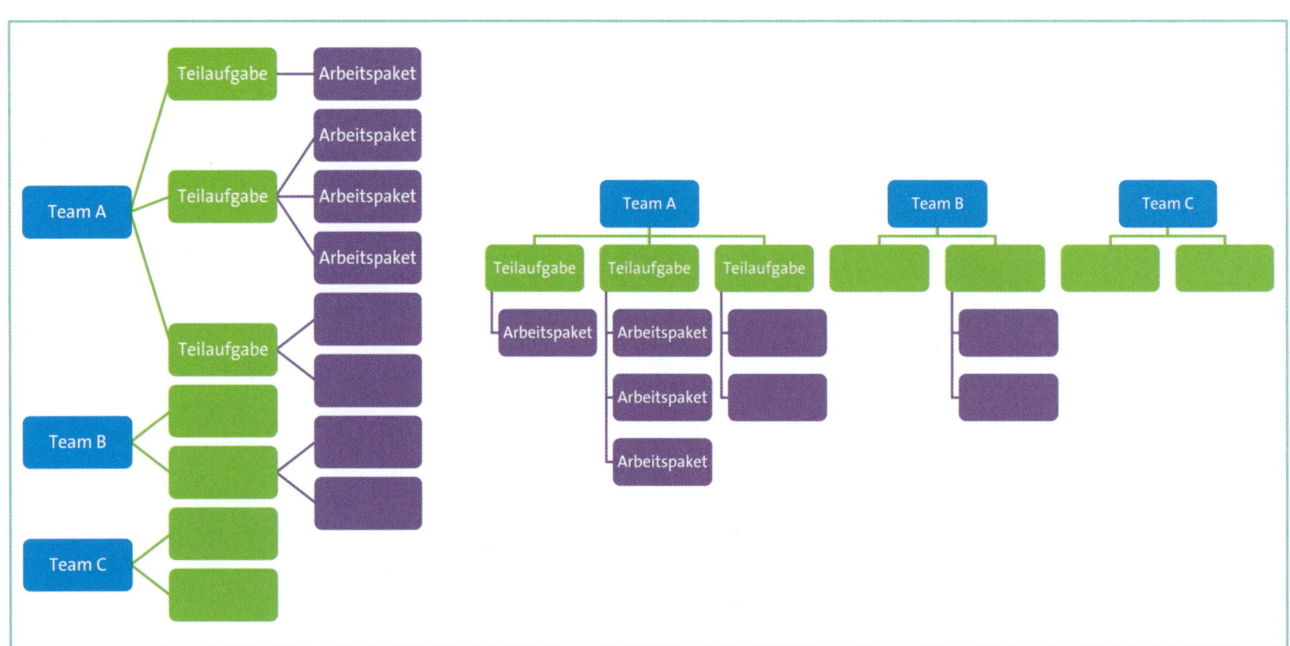

Möglichkeiten eines Projektstrukturplans

Für den PSP gibt es verschiedene Darstellungsformen. Zum einen lässt sich der Plan in reiner Textform als Tabelle darstellen oder auch als halbgrafische Auflistung. Zum anderen gibt es die Möglichkeit der grafischen Darstellung entsprechend einem Baumdiagramm.

Vorteile eines Projektstrukturplanes:
- Alle notwendigen Aufgaben werden erfasst und sind auf einen Blick sichtbar.
- Die Arbeiten stehen in einer logischen Reihenfolge.
- Alle Teammitglieder bekommen die gleiche Information über den Umfang des Projekts.
- Die Arbeitspakete machen konkrete Arbeiten/Tätigkeiten sichtbar.

Vorgehensweise beim PSP

Schritt 1	Mithilfe von Brainstorming sammeln WAS zu machen ist. Die Arbeiten auf den Kärtchen gut leserlich notieren. Hängen Sie die kleine Zettel auf die große vorbereitete Fläche. So lange weiter machen, bis Ihnen nichts mehr einfällt (nach vereinbarter max. Zeitvorgabe)	*Was ist unser Ziel? Welche Aufgaben wollen wir verwirklichen? Welche Ergebnisse streben wir an?*
Schritt 2	Ordnen Sie Ihre Sammlung von Aktivitäten hierarchisch in: Hauptaufgaben Teilaufgaben Arbeitspakete	*Was nimmt viel Zeit in Anspruch? Wo wird viel Personal benötigt?*
Schritt 3	Ergänzen Sie den PSP um notwendige Maßnahmen	*Was fehlt noch? An was wurde noch nicht gedacht?*
Schritt 4	Prüfen Sie den Plan auf Verständlichkeit und Vollständigkeit	*Führt die Durchführung aller Tätigkeiten zur Erfüllung aller Aufgaben?*

Die Erarbeitung eines detaillierten Strukturplans führt dazu, einen Überblick über alle zu erbringenden Leistungen und Aktivitäten zu erhalten.

Beim Projektstrukturplan ist Folgendes zu beachten:
- Schreiben Sie für jedes Arbeitspaket einen Zettel, dies erleichtert die Zuordnung.
- Verwenden Sie unterschiedliche Farben für unterschiedlichen Hierarchiestufen, dies verbessert die Übersichtlichkeit.
- Bleiben Sie strikt beim WAS! Das ist komplex genug.
- Denken Sie an alle Tätigkeiten, die Zeit kosten.
- Verwenden Sie immer ein Hauptwort und ein aussagekräftiges, eindeutiges Verb, z. B. Einladungskarten verschicken, Boden nass reinigen, Lebensmittel bestellen, ...
- NICHT: tun, machen, erarbeiten, ... Diese Verben sind zu ungenau.

Projektzeitplan

Der nächste Planungsabschnitt ist die Zeitschiene. Im Team wird überlegt, wie lange die einzelnen Arbeitspakete, die im PSP festgelegt wurden, dauern. Mit farbigen Balken wird markiert, in welcher Woche das Arbeitspaket erledigt wird (immer eine ganze Woche).

Projektzeitplan

Kalenderwoche		30	31	32	33	34				
Datum										
Projektwoche		1	2	3	4	5	6	7	8	
Arbeitspakete										
	Einladungskarten verschicken									
	Boden nass reinigen									
	Lebensmittel bestellen									
	Usw.									

In der ersten Spalte werden die Arbeitspakete eingetragen. In den darauffolgenden Spalten werden die dafür benötigten Projektwochen farblich markiert. Für ein besseres Zeitgefühl werden die laufenden Kalenderwochen ebenfalls angegeben.

Blankoformular für einen Projektzeitplan siehe hier: handwerk-technik.de/links/4236

Aufgaben	Verantwortlich	Start	Ende	Tage	Status
Kick-off-Meeting	Hr. Theis	02.09.21	03.09.21	1	Abgeschlossen
Ziele vereinbaren	Hr. Vogler	03.09.21	07.09.21	4	Abgeschlossen
Detail-Anforderung	Hr. Paulsen	07.09.21	12.09.21	5	Abgeschlossen
Hardware-Anforderung	Hr. Paulsen	09.09.21	11.09.21	2	Überfällig
Ressourceneinsatzplan	Hr. Paulsen	11.09.21	15.09.21	4	in Bearbeitung
Personalbesetzung	Hr. Theis	16.09.21	17.09.21	1	in Bearbeitung
Technische Anforderung	Hr. Vogler	17.09.21	21.09.21	4	Nicht begonnen
Datenbank-Entwicklung	Fr. Benvenuto	22.09.21	24.09.21	2	Nicht begonnen
API-Entwicklung	Fr. Benvenuto	23.09.21	27.09.21	4	Nicht begonnen
Benutzeroberfläche des Kunden	Hr. Theis	25.09.21	29.09.21	4	Nicht begonnen
Tests	Fr. Chernoff	24.09.21	02.10.21	8	Nicht begonnen
Abschluss Entwicklung	Hr. Paulsen	02.10.21	05.10.21	3	Nicht begonnen
Harware Konfiguration	Hr. Theis	05.10.21	07.10.21	2	Nicht begonnen
Systemtests	Fr. Chernoff	06.10.21	09.10.21	3	Nicht begonnen
Einführung		09.10.21	10.10.21	1	

Schlechtes Teamwork ist, wenn aus einer To-Do-Liste eine „Tu-Du-Liste" wird.
*Copyright Stefan Orac, (*1984), Kulturvermittler*

Meilensteine wie Jahresabschluss aber auch Ferien, Feiertage und Ausflüge sind zu berücksichtigen.

Magda aus Team 1: Rahmenprogramm und Betreuung, Sophia aus Team 2: Verpflegung und Lydia aus Team 3: Housekeeping sitzen zusammen am Tisch. Jede von ihnen hat den PSP aus ihrem Team mitgebracht. Nun gestalten sie mit den Arbeitspaketen den Projektzeitplan.

Projektzeitpläne können digital, in Schreib- oder Tabellenprogrammen, Kalenderprogrammen oder Online-Meeting- und Planerprogrammen, aber auch handschriftlich angelegt und geführt werden.

1. *Führen Sie jeden einzelnen Schritt des Projektstrukturplans mit Ihrem Team durch. Sie benötigen dazu folgendes Arbeitsmaterial: Tafel oder Pinnwand, farbiges Papier z. B. Moderationskarten, Klebestreifen oder Pinnnadeln, Filzmarker, Klebezettel.*
2. *a) Wählen Sie aus jedem Team stellvertretend zwei Auszubildende Ihrer Klasse aus. Erarbeiten Sie gemeinsam den Projektzeitplan. Kleine Symbole, welche stellvertretend für die jeweiligen Teams stehen, erleichtern die Übersicht.*
   b) Stellen Sie den gesamten Projektzeitplan dem Klassenteam vor.

Maßnahmenplan

Um zu koordinieren, was, wie, wer, bis wann, womit tut, wird ein Maßnahmenplan erstellt.

Folgende Fragen sind dabei zu beantworten:

- In welcher logischen Reihenfolge müssen Tätigkeiten und Arbeiten durchgeführt werden?
- Wo gibt es sachliche Abhängigkeiten von Aufgaben, die parallel und hintereinander ausgeführt werden müssen?
- Wie viel Zeit ist einzuplanen?

Der Maßnahmenplan ist die Weiterentwicklung des Personaleinsatzplans. Er stellt alle zu erbringenden Leistungen im zeitlichen Ablauf und unter Berücksichtigung gegenseitiger Abhängigkeiten dar.

Blankoformular für einen Maßnahmenplan siehe hier: handwerk-technik.de/links/4236

Projektname: Sommerfest

WAS? (Arbeitspaket)	WIE? (Kurzbeschreibung)	WER? (Verantwortung)	MIT WEM? (Mitarbeiter)	BIS WANN? (Termin)	WOMIT? (Material)
Team 2: Verpflegung					
Probeverkostung	Auswahl der Speisen die am Welcome Day zubereiten werden.	Team 2	Team 1, 2 und 3	XXX	Rezepte, Brainstorming,
Personaleinsatzplanung	Genaue Planung der Einsätze des Versorgungspersonals.	Beate	Team 2	XXX	Personaleinsatzplan
LM Bestellung	LM Bestellung bei der Küchenleitung abgeben, um diese am Produktionstag vor Ort zu haben.	Sophia	Beate	XXX	Bestellformular Küche
Küche und Platz in den Kühlräumen reservieren	Um am Produktionstag eine freie Küche zur Verfügung zu haben.	Inge	–	XXX	Formloses Schreiben an die Küchenleitung
Geräte überprüfen	Um Geräteausfälle frühzeitig zu erkennen und Alternativen finden zu können.	Leon	Inge	XXX	Alle benötigten Geräte

Beispiel eines Maßnahmenplans

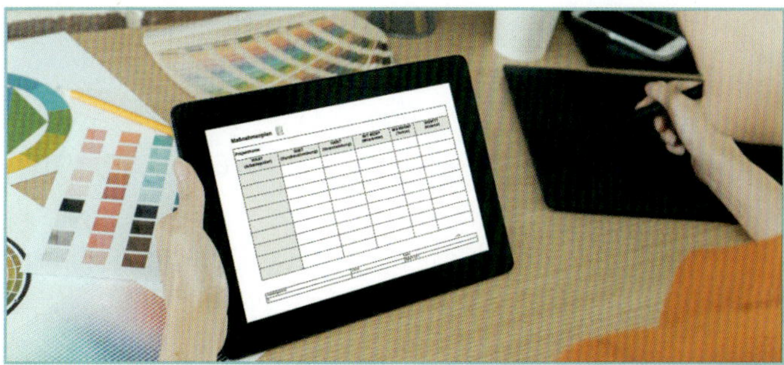

Das Team 1: Rahmenprogramm und Betreuung sitzt gemeinsam an einem Tisch. Magda hat die Gesprächsführung bei den Teamtreffen übernommen. Vor der Gruppe liegen der PSP und der Projektzeitplan auf dem Tisch. Gemeinsam überlegen sie, wer nun welche Arbeitsaufgaben (Arbeitspakete) übernehmen kann. Das Ergebnis tragen sie in den Maßnahmenplan ein.
Erstellen Sie mit Ihrem Klassenteam den Maßnahmenplan von Team 1: Rahmenprogramm und Betreuung.

2.2 Personalausstattung

Definition Hauswirtschaftskonzept:

Das Hauswirtschaftskonzept richtet sich nach dem Leitbild der Einrichtung. Es ist die Grundlage für die Handlungsorientierung aller Angestellten im hauswirtschaftlichen Bereich. Es beschreibt die zu erbringenden Leistungen und Ziele in den einzelnen hauswirtschaftlichen Dienstleistungsbereichen.

Maßgeblich für die Erbringung hauswirtschaftlicher Dienstleistungen ist die personelle Ausstattung des Bereichs. Dabei spielt nicht nur die reine Kopf- bzw. Stellenzahl eine entscheidende Rolle, sondern auch die Qualifikation der Mitarbeitenden. Qualifizierte Fachkräfte benötigen weniger Anleitung, Aufsicht und Kontrolle als angelernte Arbeitskräfte. Dies wirkt sich erheblich auf den Arbeitsaufwand für die hauswirtschaftliche Leitungskraft und auf die Organisation der Arbeitsabläufe aus.

Die Aufteilung der Stellen beeinflusst schließlich die Dienstplangestaltung: fällt eine Teilzeitkraft wegen Krankheit oder Urlaub aus, lässt sich die entstehende Lücke wesentlich leichter überbrücken als wenn eine Vollzeitkraft fehlt.

Neben der reinen Aufzählung der Namen und Aufgabengebiete der Kolleginnen und Kollegen sollte im Hauswirtschaftskonzept daher auch die Qualifikation und die Anzahl der Arbeitsstunden pro Woche angegeben werden.

Fehlende Angaben werden durch fiktive Daten ergänzt. Um die Strukturen noch deutlicher zu machen, kann ein Organigramm wie im Kapitel 4.2 eingefügt werden.

Personalausstattung

Name	Qualifikation	Aufgabengebiet	Wochenstunden
Müller, Mirko	Hauswirtschaft Auszubildender, 1. Lehrjahr	Rahmenprogramm und Betreuung	39,5
Schmitt, Silke	Altenpflege Schüler, 3. Jahr	Betreuung und Musik	39,5
...			

Beispiel eines Plans zur Personalausstattung

Personaleinsatzplan

Blankoformular für einen Personaleinsatzplan siehe hier: handwerk-technik.de/links/4236

Der Personaleinsatzplan dient der Durchführung einer Aufgabe bzw. eines Auftrags. Er umfasst alle Überlegungen des quantitativen (wie viele) und qualitativen (wer) Einsatzes von Mitarbeitenden im Projekt. Im Personaleinsatzplan werden Aufgabe, Person und Zeitpunkt des Arbeitseinsatzes festgelegt.

Personaleinsatzplan				
Projekt:				
Datum:				
WER?	WANN?	WAS?	WO?	Verantwortliche

Beispiel eines Personaleinsatzplans

Mirko deckt täglich den Speisesaal für das Mittagessen ein. Um einen Tisch für vier Personen mit Tischwäsche, Tischschmuck sowie Geschirr, Besteck und Gläser einzudecken, benötigt er 15 Minuten. Hülya benötigt für diese gleiche Aufgabe nur 10 Minuten. Wie können diese Zahlen in der Personaleinsatzplanung helfen?

Raumart	m^2/h
Personalküche	80–150
Bewohnerzimmer	130–220
Flure, manuelle Reinigung	250–320
Aufenthaltsräume	120–190
Toiletten, Wasch- und Duschräume, Bäder	50–90
Schmutzarbeitsräume	130–180
Büros im Verwaltungsbereich	160–230

Beispiel für Richtwerte für die Reinigung im Gesundheitswesen (Auszug)

Die Hauswirtschaftsleitung oder Küchenleitung kann Hilfestellung beim Einschätzen des Zeitbedarfs geben. Zum Beispiel wie viele Personen zur Reinigung der Bewohnerzimmer benötigt werden. Dafür steht ihr eine Tabelle mit den durchschnittlichen Flächenleistungen der Einrichtung zur Verfügung.

Lydia ist für die tägliche Reinigung des 3. Stockwerks im Generationenzentrum Hohenberg zuständig. Hierfür hat sie täglich sechs Stunden Zeit, abzüglich einer 30-minütigen Pause. In dem Stockwerk befinden sich

- ein Büro 20 m^2
- eine Personalküche 10 m^2
- zwei Aufenthaltsräume je 25 m^2
- acht Bewohnerzimmer je 25 m^2, mit Bad je 6 m^2
- zwei Bäder je 9 m^2
- zwei Schmutzarbeitsräume je 7 m^2
- zwei Flure 50 m^2 und 85 m^2 (zweimal täglich manuell zu reinigen)

Laut dem Beispielrichtwert schafft Lydia 160–230 m^2 in der Stunde. Im Verwaltungsbereich wird mit dem unteren Wert von 160 m^2/h für Büros gerechnet, da Lydia eine Unterhaltsreinigung durchführt. Somit braucht sie, um das Büro zu reinigen 7:30 Minuten. Für das Umziehen sowie das Rüsten und Abrüsten des Reinigungswagens werden ihr vom Generationenzentrum Hohenberg täglich 30 Minuten gewährt.

Der Leistungswert sagt aus, wie viel Quadratmeter Fußbodenfläche eine Reinigungskraft in einer Stunde reinigen muss, um die individuellen Leistungsanforderungen des Leistungsverzeichnisses abzuarbeiten. Dieser Wert wird in m^2 pro Stunde Leistung ausgedrückt. So lässt sich auch ermitteln, wie viele Personen für die Reinigung eines bestimmten Bereichs benötigt werden, wenn diese zum Beispiel drei Stunden Zeit haben.

Beispielrechnung siehe hier: handwerk-technik.de/links/4236

1. *Sie leiten das Team 2: Verpflegung. Für das Sommerfest wollen Sie eine Übersicht erstellen, wie Ihr Team ausgestattet ist. Erstellen Sie mithilfe der Vorstellung der Teammitglieder eine tabellarische Übersicht – wie im Beispiel – für Ihr Team.*
2. *Decken Sie einen Tisch ein, wie Sie ihn am Sommerfest eindecken wollen. Stoppen Sie dabei die Zeit und überschlagen Sie die Dauer auf die gesamte Anzahl der Tische.*
3. *Befragen Sie Ihre Mitlernenden nach ihren Zeiten und ermitteln Sie daraus einen Durchschnittswert. Halten Sie Ihre Ergebnisse schriftlich fest.*
4. *Berechnen Sie Lydias täglichen Zeitbedarf anhand des Beispiels für alle angegebenen Räume im 3. Stockwerk (Dreisatz), wenn Sie die Arbeit allein bewältigen muss. Erläutern Sie, ob sie noch Zeit hat für andere Tätigkeiten.*

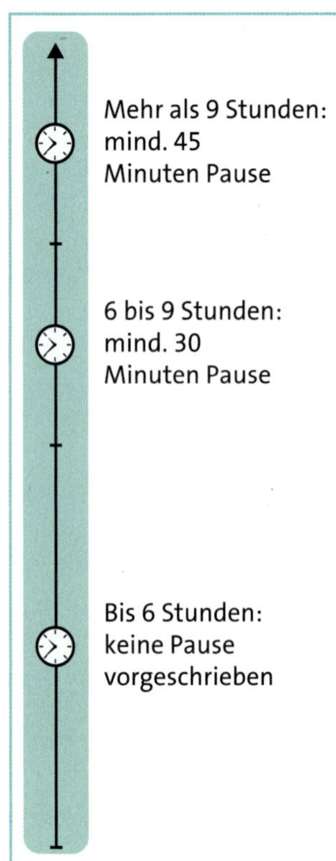

Pausenregelung nach §4 ArbZG

Ruhepausen können in Zeitabschnitte von jeweils mindestens 15 Minuten aufgeteilt werden. Die Pausen werden aber nicht bezahlt.

Wann die Pause genommen wird, muss vorher mit dem Chef abgesprochen werden

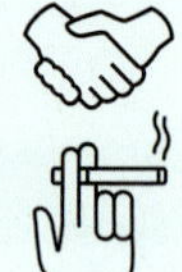

Einen Anspruch auf eine Raucherpause gibt es nicht. Raucherpausen zählen auch nicht zur Arbeitszeit.

Vereinfachte Übersicht der Pausenregelung nach §4 des Arbeitszeitgesetzes

Risikoanalyse

Die Risikoanalyse dient dazu, vor Durchführung eines Projektes mithilfe des Maßnahmenplans die Gefahren und Risiken zu erkennen und zu bewerten. Dadurch kann frühzeitig entgegengesteuert werden, um nicht später während der Durchführung auf diese Probleme zu stoßen.

Personen	Sie können ausfallen, krank werden, die Lust verlieren, sich als unzuverlässig erweisen, in Streit geraten, nicht die nötigen Kompetenzen mitbringen, den Überblick verlieren.
Technik	Geräte können ausfallen oder nicht die erforderliche Qualität liefern.
Finanzen	Wenn es zu unerwarteten Mehrkosten kommt oder zugesagte Gelder doch nicht kommen.
Recht und Versicherung	Brandschutz, Arbeitszeit, Gesundheit, ...
Leitungsfunktion	Sind diese nicht angemessen verteilt, kann das zu Irritationen, Informationsdefiziten und Versäumnissen führen.
Zeit	Einer der häufigsten Problemfälle. Meist hat man weniger Zeit eingeplant, als dann tatsächlich gebraucht wird.

Risikofaktoren der verschiedenen Ebenen

Blankoformular Risikoanalyse siehe hier: handwerk-technik.de/links/4236

Risikoanalyse							
Risiko	Bewertung der Auswirkungen			Voraussichtliche Eintrittswahrscheinlichkeit			Maßnahme(n) zur Vermeidung
	+	++	+++	Hoch	Mittel	Niedrig	

Beispiel in Tabellenform für eine Risikoanalyse

Überprüfen Sie in Ihrem Ausbildungsbetrieb Risikoquellen, welche sich auch auf das Projekt auswirken können. Bewerten Sie das Maß der Auswirkung, die Eintrittswahrscheinlichkeit. Nennen Sie Maßnahmen zur Vermeidung.

2.3 Zeitmanagement

Die 80/20-Regel nach Pareto

Vilfredo Pareto lebte im 19. Jahrhundert und beschäftigte sich mit Fragen von Reichtum und Einkommen, von Grundstücken und deren Besitzerinnen und Besitzern usw. Er stieß dabei auf eine Tatsache, die ihm höchst bedeutsam erschien. Er entdeckte ein wiederkehrendes mathematisches Verhältnis zwischen dem Anteil von Personen (als Prozentsatz der gesamten Bevölkerung) und der Höhe des Einkommens oder Reichtums dieser Gruppe. So stellte er etwa fest, dass in einigen Ländern 80 % des Vermögens bei 20 % der Bevölkerung konzentriert waren. Bei Paretos Beobachtungen kommt es allerdings weniger auf die genaue Prozentverteilung an als auf die Tatsache, dass die Reichtumsverteilung in der Bevölkerung berechenbar unausgewogen war.

Dieses Phänomen tritt in allen Bereichen des Lebens auf und wurde später in die Prozessoptimierung und das Zeitmanagement übertragen: Ein typisches Verteilungsmuster zeigt, dass 80 % der Ergebnisse auf 20 % der Anstrengungen zurückgehen. Diese Regel lässt sich auch auf die Verteilung unserer Zeit und der erzielten Ergebnisse übertragen.

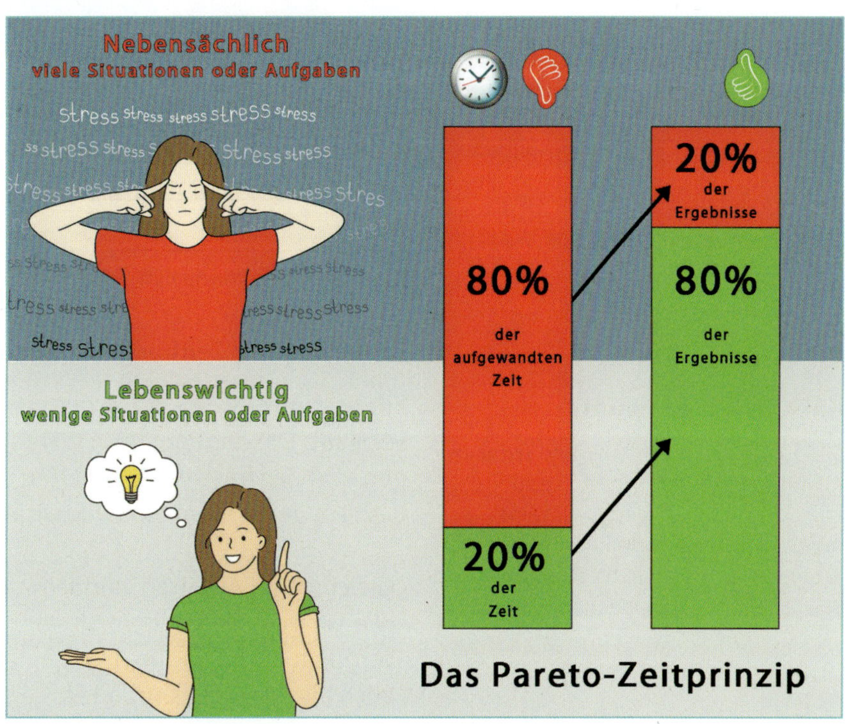

Das Pareto-Prinzip zeigt: 80 % der Ergebnisse erzielen wir oft mit nur 20 % unserer Zeit

Prioritäten richtig setzen – Das Eisenhower-Prinzip

Prioritäten beinhalten das lateinische Wort „prio" (vor).

Prioritäten zu setzen bedeutet, täglich aufs Neue zu entscheiden, was und in welcher Reihenfolge erledigt werden muss. Damit gesteckte Ziele möglichst schnell und effizient erreicht werden können.

Das Eisenhower-Prinzip hilft dabei, Arbeiten systematisch nach Prioritäten zu ordnen. Der erste Schritt dabei ist die Beantwortung folgender Frage: Sind die anliegenden Themen wichtig oder dringend?

Laut Pareto sind 20 % unserer Aufgaben in aller Regel die Wichtigsten. 80 % sind eher nebensächlich. Ungünstig ist, dass diese jedoch meistens dringend sind!

Aktivitäten nach Prioritäten einteilen
Das Eisenhower-Prinzip kombiniert beide Kriterien – wichtig und dringend –, sodass vier Prioritätsklassen entstehen. Für die Planung müssen alle anstehenden Aufgaben analysiert und eingeordnet werden. So entsteht eine Rangfolge, was, wann und wie abzuarbeiten ist.

Die Erreichung der Ziele erfolgt über die Erledigung der wichtigen Aufgaben. Dringende Aktivitäten erfordern oder binden unmittelbare Aufmerksamkeit, ohne dabei großen Einfluss auf die Ziele zu haben. Die Arbeiten mit der größten Wichtigkeit, also dem größten Einfluss auf das Erreichen der Ziele, dürfen niemals aufgeschoben werden.

Doch leider haben wir als Menschen alle die Tendenz, zuerst die Nebensächlichkeiten anzugehen.

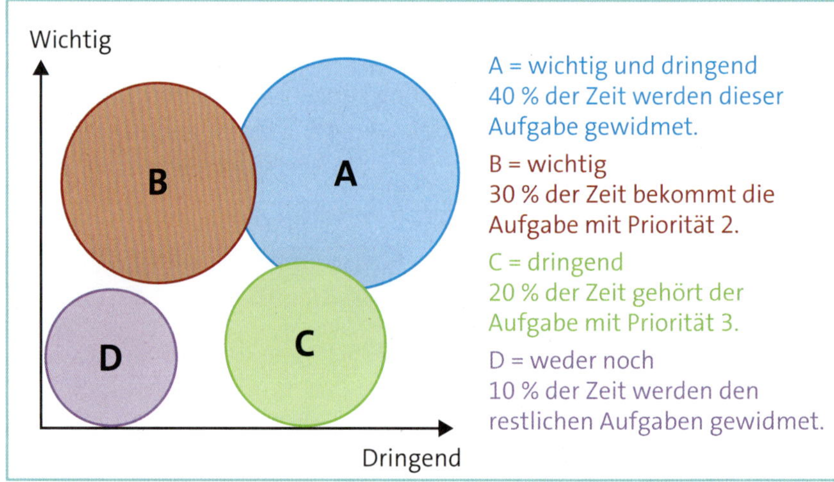

Das Eisenhower-Prinzip hilft, Prioritäten richtig zu setzen

Zeitbedarf und Zeitbudget ermitteln

Rationelles Arbeiten:
das durchdachte, effektive und schnelle Ausführen von Tätigkeiten. Die zu erledigende Arbeit wird in einzelne Arbeitsschritte eingeteilt (siehe Arbeitsablauf). Dadurch sollen zum Beispiel überflüssige oder doppelte Wege vermieden werden.

Ein bestimmter Teil der Arbeitszeit, erfahrungsgemäß ca. 60 %, werden verplant. Die anderen 40 % werden für Unerwartetes, vor allem Störungen und Zeitfresser, freigehalten. Damit der Rest der Planung nicht aus dem Lot gerät, wenn eine Aktivität mal etwas länger dauert als geplant.

Gleichartige Arbeiten bündeln, anstatt die Arbeiten so zu erledigen, wie sie gerade anfallen. So können überflüssige und doppelte Wege vermieden und dadurch Zeit eingespart werden. Dies bezeichnet man auch als rationelles Arbeiten.

Störungsfreie Zeiten als eine Art „stille Stunde" planen. Dies bringt einen enormen Produktivitätsgewinn. In dieser Zeit kann konzentrierter an einer wichtigen B-Aufgabe gearbeitet werden, ohne andauernd den Faden zu verlieren.

„Stille Stunden" sollten ebenso wie eine Besprechung oder ein Kundenbesuch in den eigenen Kalender eingetragen werden.

Ich habe keine Zeit!

Ist Ihnen schon mal aufgefallen, dass, seit es Zeitmanagement gibt, keiner mehr Zeit hat?
*©Oliver Groß, (*1959), Rhetor, Philosoph und Autor*

Ordnen Sie Ihre Arbeitspakete vom Strukturplan für das Sommerfest nach dem Eisenhower-Prinzip, eine farbliche Markierung ist hilfreich.
a) Teilen Sie sich in der Klasse in die drei beschriebenen Teams auf. Fassen Sie in jedem Team die gleichartigen Aufgaben und Tätigkeiten zusammen.
b) Planen Sie bewusste „stille Stunden" in den Zeitplan ein.

Miteinander Arbeiten

3

Gemeinsam an einer Aufgabe zu arbeiten und nicht alleine vor sich hin zu arbeiten, macht nicht nur mehr Spaß, es ist auch viel effektiver. Wenn Menschen gemeinsam an einer Aufgabe arbeiten, können sie sich gegenseitig unterstützen und ergänzen. Im besten Fall kommt es sogar zu Synergieeffekten.

Teil eines Teams zu sein, fördert das Selbstwertgefühl und die Motivation der Teammitglieder, was sich nicht zuletzt positiv auf die Erledigung der Aufgabe auswirkt. Daher ist in den meisten Fällen das gemeinsame Lösen einer Aufgabe als Team erfolgreicher, als sich allein durchzuschlagen. Wer im Team arbeitet, baut außerdem soziale Kompetenzen auf. Die sind im Berufsleben genauso wichtig wie die fachlichen Kompetenzen.

3.1 Das Team

In Unternehmen sind Teams Gruppen, die zu einem bestimmten Zweck zusammenarbeiten, wie in einem Projektteam. Teams entstehen formell oder informell. Ein formell zusammengestelltes Team wird von der Leitung zusammengestellt. Vorteil ist, dass die Gruppe für eine Aufgabe gezielt zusammengesetzt werden kann. Dadurch können sich die Mitglieder gegenseitig unterstützen und bereichern. Im Gegensatz dazu finden sich informelle Teams selbst, beispielsweise auf Grundlage gemeinsamer Interessen oder Ziele. Der Vorteil dieser Teams ist, dass die Gruppe motiviert arbeitet, um auch in Zukunft zusammen arbeiten zu können.

Wird ein Team neu zusammengestellt, muss zuerst bedacht werden, ob es erfolgreicher als einheitliche oder als gemischte Gruppe arbeiten kann. Einheitliche Teams haben zwar häufig weniger Auseinandersetzungen, gleichzeitig ist ihre fehlende Vielseitigkeit ein Nachteil. Diesen Nachteil hat ein gemischtes Team nicht, dafür ist es häufig instabiler und neigt eher zu Konflikten. Außerdem muss bei der Teamzusammenstellung darauf geachtet werden, dass nicht zu viele Menschen zusammenarbeiten. Ist die Gruppe so groß, dass nicht mehr jede Person mit jeder anderen kommunizieren kann, sind zu viele Menschen beteiligt. Dann besteht die Gefahr, dass sich Untergruppen bilden, was die Zusammenarbeit aller erschwert. Die ideale Teamgröße liegt deshalb bei drei bis sechs Personen. Während der Arbeitsphasen sollte darauf geachtet werden, dass jedes Teammitglied aktiv an den Aufgaben mitarbeitet, damit bei Einzelnen kein Frust entsteht. Starke Teamer können schwächere mitziehen. Es ist jedoch wichtig darauf zu achten, dass auch die schwachen Mitglieder aktiviert werden. Nur so können sie dazu lernen und werden vom gesamten Team respektiert.

Ist ein Team zusammengestellt, werden typischerweise die fünf Phasen der Teambildung durchlaufen.

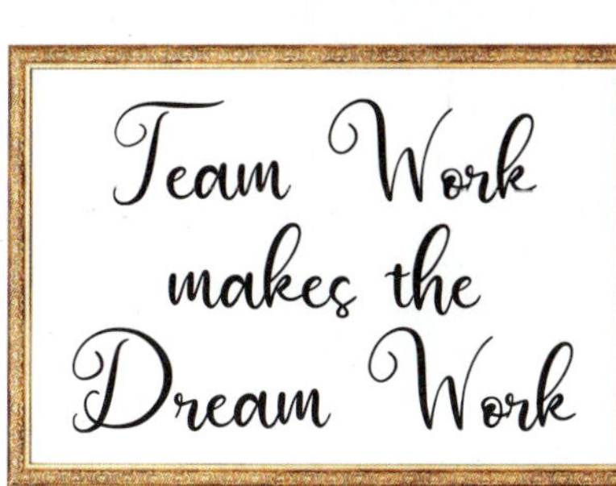

Synergieeffekt:

Durch den Zusammenschluss oder die Zusammenarbeit mehrerer Personen wird eine positive Wirkung erreicht, die die Personen einzeln nie geschafft hätten.

Team:

Ein Team ist der Zusammenschluss von zwei oder mehr Personen, die in direktem Kontakt zueinander stehen.

Die einzelnen weiter beschriebenen Phasen können von einem Team auch mehrfach durchlaufen werden. Dies geschieht zum Beispiel, wenn sich die Aufgabenstellung ändert oder ein neues Mitglied zur Gruppe dazustößt. Besonders eine neue Verteilung der Rollen innerhalb der Gruppe wird durch eine solche Änderung angeregt.

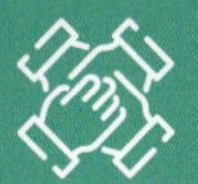

Phase	Beschreibung	
1. Orientierungsphase	Die Mitglieder des Teams kommen zusammen und lernen sich kennen. Das Team entsteht und jedes Mitglied versucht, seinen Platz in der Gruppe zu finden. In dieser Phase kommt der Teamführungsperson eine wichtige Rolle zu, da sie Ankerpunkt in dieser noch unsicheren Phase für jedes Gruppenmitglied ist.	
2. Konfliktphase	Jedes Teammitglied versucht sich zu behaupten und einen Platz in der Gruppe zu erkämpfen/einzunehmen. Diese Phase ist entscheidend für die Zukunft des Teams. Können Konflikte nicht gelöst werden, wird das Team sich wieder auflösen.	
3. Kooperationsphase	In dieser Phase erreicht jedes Mitglied eine für sich zufriedenstellende Position innerhalb des Teams. Das Team wächst zusammen und strebt ab jetzt ein möglichst langfristiges Bestehen der Gruppe an. Daher behauptet sich das Team nun gegenüber anderen als Einheit nach außen.	
4. Wachstumsphase	Das Team arbeitet gut zusammen und kann immer herausfordernde Aufgaben gemeinsam lösen. Die Teamführung gibt nur noch Impulse und Visionen an die Gruppe weiter.	
5. Trennungs- oder Auflösungsphase	Bei der Bearbeitung der komplexen Aufgaben treffen verschiedene Teams aufeinander, dabei werden Erfahrungen ausgetauscht und einzelne Mitglieder wechseln eventuell ihr Team. Das alte/ursprüngliche Team zerfällt und neue entstehen.	

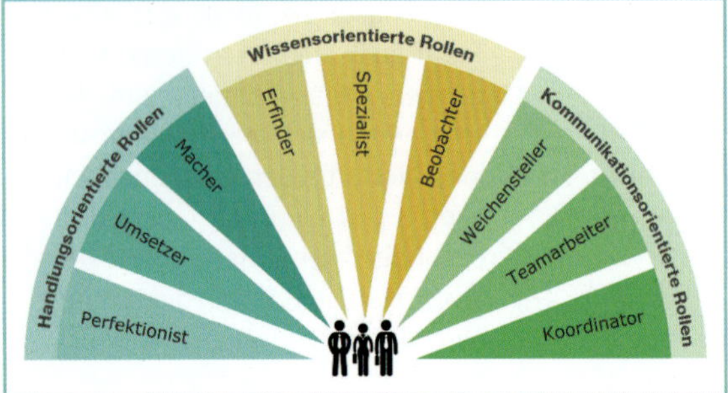

Die neun Teamrollen nach Belbin

3.2 Rollen im Team

Es ist natürlich, dass in einem Team jedes Mitglied eine Rolle einnimmt. Diese Rollen oder Funktionen sind vielfältig und jede bringt Vor- und Nachteile für die Entwicklung des Teams mit sich. Die Rollen sind durch Eigenschaften, die für das Team relevant sind, charakterisiert. In Anlehnung an den Forscher Belbin gibt es insgesamt neun verschiedene Rollen, die sich in drei Gruppen einteilen lassen.

1. Handlungsorientierte Rollen

Perfektionist/Completer:
- gewissenhaft, pünktlich
- vermeidet Fehler, strebt optimale Ergebnisse an
- überängstlich, übernimmt ungern die Führung, kontrolliert lieber alles, statt zu delegieren
- verhindert Oberflächlichkeit und Unpünktlichkeit.

Umsetzer/Implementer:
- zuverlässig
- effektiv
- zielorientiert, jedoch unflexibel gegenüber Plänen anderer
- eignet sich besonders für die Strukturierung der Vorgehensweise im Team.

Macher/Shaper:
- mutig
- überwindet leicht Hindernisse
- Konzentration auf das Kernproblem
- übernimmt Verantwortung und Aufgaben
- trifft schnelle Entscheidungen
- arbeitet gut unter Druck, ist gegenüber Teammitgliedern ungeduldig und fordert sie heraus
- eignet sich gut für Teams mit Gleichgesinnten, aber für eine Führungsposition eher ungeeignet, da ihm Selbstdisziplin fehlt.

2. Wissensorientierte Rollen

Erfinder/Plant:
- hat neue Ideen und alternative Lösungsstrategien besonders für schwierige Problemstellungen
- wirkt oft gedankenverloren
- neigt dazu, Details zu ignorieren und Flüchtigkeitsfehler zu machen.

Spezialist/specialist:
- liefert Fachwissen und Informationen
- verliert sich oft in technischen Details.

Beobachter/monitor evaluator:
- strategisch, kritisch, nüchtern
- untersucht Vorschläge auf ihre Machbarkeit
- manchmal taktlos und herablassend
- motiviert das Team
- verfügt gleichzeitig über ein gutes Urteilsvermögen und berücksichtigt alle relevanten Möglichkeiten.

3. Kommunikationsorientierte Rollen

Weichensteller/Resource investigator:
- extrovertiert
- kommunikativ, hat nützliche Kontakte
- findet neue Lösungsansätze und Möglichkeiten
- kann als zu optimistisch empfunden werden
- verliert schnell das Interesse und schweift ab.

Teamarbeiter/Teamworker:
- sympathisch, diplomatisch
- kommunikativ, sorgt für Harmonie
- in kritischen Situationen oft unentschlossen, eher eine Hilfe im Hintergrund.

Koordinator/Integrator:
- Selbstsicher
- Vertrauensvoll
- treibt Entscheidungsprozesse voran
- koordiniert und setzt Prioritäten, achtet auf Einhaltung von Zielvorgaben und Zeitplänen
- wirkt manipulierend, eignet sich dennoch gut Teamleitung.

Das Wissen über die beschriebenen Rollen hilft dabei, die eigene Kommunikation besser auf die gegenüberliegende Person abzustimmen. In Konflikten werden so die anderen Teammitglieder besser verstanden und Konflikte lassen sich leichter auflösen. Für ein gut funktionierendes Team ist es nicht wichtig, dass jede Rolle vertreten ist. Teammitglieder können je nach Situation oder Aufgabe auch mehrere Rollen übernehmen.

Wichtig ist, dass die Rollen nicht in Stein gemeißelt sind, sondern immer wieder wechseln können je nach Aufgabe, Gruppenzusammenstellung oder Stimmungslage der einzelnen Mitglieder.

Das Team 1: Rahmenprogramm und Betreuung trifft sich, um zu besprechen, welche Angebote es speziell für Kinder bei dem Fest geben soll. Stellen Sie die Teambesprechung als Rollenspiel nach. Gehen Sie vor wie folgt:

a) Teilen Sie sich auf. Jede Gruppe übernimmt eine Person aus Team 1. Erarbeiten Sie Verhaltensweisen und Charakterzüge passend zu einer der beschriebenen Rollen.

b) Aus jeder Gruppe nimmt ein Mitglied stellvertretend an der Besprechung teil. Versuchen Sie in Ihrer Rolle zu bleiben. Der Rest beobachtet und versucht herauszufinden, wer welche Rolle nach Belbin im Team übernommen hat. Varianten: eine Gruppe bereitet eine Rolle vor, gespielt wird sie von einer anderen (Ringtausch).

Ein bildhafter Zusammenstoß

3.3 Konflikte

Das Wort Konflikt kommt aus dem Lateinischen und bedeutet so viel wie Zusammenstoß, zusammenschlagen, -prallen. Auch heute ist diese Wortherkunft in der Bedeutung zu finden: Ein Konflikt ist eine schwierige Situation, entstanden durch das Aufeinanderprallen gegensätzlicher Auffassungen, Interessen, Ziele, Bedürfnisse oder Meinungen. Ein Konflikt kann zu einem Streit führen. Wenn Konflikte gelöst werden, können sie sogar positiv – wie ein reinigendes Gewitter – wirken.

Konflikte haben unterschiedliche Ursachen, sie reichen von mangelnder Kommunikation, unterschiedlichen Persönlichkeitsstrukturen und Wahrnehmungen und negativen Gefühlen bis hin zu Schuldzuweisungen.

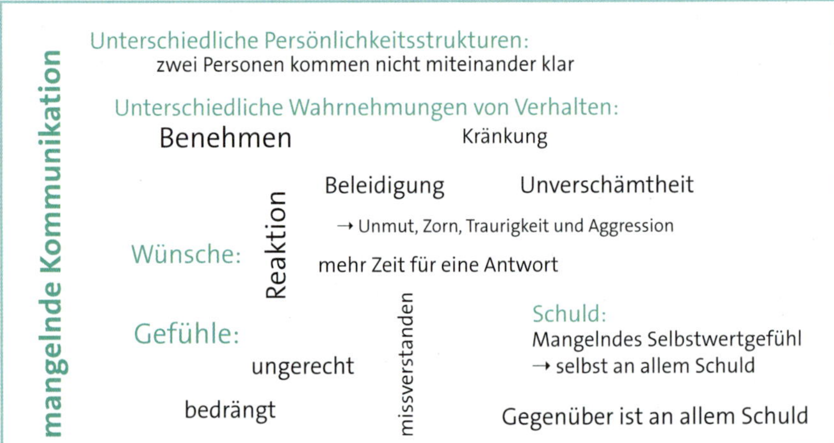

Konfliktursachen

Konfliktfähigkeit:

In der Lage sein, Konflikte zu erkennen, die Auseinandersetzung damit kritisch und fair durchführen zu können, sowie bereit sein, einen Kompromiss zu suchen und zu akzeptieren.

Konflikt:

Problem, Streit, Meinungsverschiedenheit und die daraus entstandenen Spannungen zwischen zwei oder mehreren Personen

Konfliktursachen:

Gründe für Probleme. Diese ergeben sich z. B. durch unterschiedliche Zielvorstellungen, Interessen, Bedürfnisse, Meinungen.

Im Beruf kommen strukturelle Faktoren dazu, welche die Konfliktursachen weiter anheizen:

- unklare Organisation und Kompetenzregeln z. B. Funktionsbeschreibungen – Wer hat welche Aufgaben, Befugnisse und Verantwortlichkeiten?
- Beispiel: Den Auszubildenden wird in ihrem Projekt die Leitung übertragen, um im selbstständigen Arbeiten Erfahrung zu sammeln. Im Arbeitsalltag nehmen sie jedoch die Weisungen der Mitarbeiter an.
- ungenaue Vorschriften und Anweisungen z. B. uneinheitliche Kommunikationsstrukturen
- knappe Güter z. B. Konkurrenzkampf um eine Position, Büroräume, Budget, Stellen, Mitarbeitende oder Güter.
- Beispiel: Für das Sommerfest steht ein festes Budget zur Verfügung. Die Frage ist, ob jedes Team gleich viel Budget zur Verfügung gestellt bekommt oder ob es unterschiedlich verteilt wird.

> Vor dem Projekt müssen diese Faktoren deutlich kommuniziert und definiert werden.

Erscheinungsarten von Konflikten

Bei einem **verdeckten Konflikt** ist es den Beteiligten nicht bewusst, dass ein Konfliktgrund vorliegt. Ist beiden Parteien offensichtlich klar, dass ein Konflikt vorliegt, wird dieser zu einem **offenen Konflikt**. Von einem **Stellvertreterkonflikt** ist die Sprache, wenn ein Konflikt über ein vorgeschobenes Thema ausgetragen wird. Dieser „Stellvertreter" wird indirekt von einer oder beiden Konfliktparteien gesteuert. Ein **heißer** (emotional spürbarer) **Konflikt** wird offen und sichtbar, spürbar oder hörbar ausge-

tragen. Ein **kalter Konflikt** hingegen wird nicht direkt ausgetragen, obwohl der Konfliktgrund bekannt ist.

In der Verwaltungsgruppe herrscht ein schlechtes Arbeitsklima. Der Verwaltungsleiter hatte in der letzten Woche einen lauten Wutanfall → heißer Konflikt.
Sie sind Auszubildende/r im dritten Ausbildungsjahr und erhielten den Auftrag, die Verpflegung für das Sommerfest zu organisieren. Hülya, die Auszubildende aus dem zweiten Ausbildungsjahr soll helfen, hätte jedoch gern selbst dieses Projekt übernommen und findet, dass sie besser dafür geeignet wäre. Sie kritisiert alle Vorschläge mit sachlichen Gegenargumenten.

Die Sachebene ist nur Mittel zum Zweck, daher kann keine Lösung für den Sachstreit gefunden werden. Das Konkurrenzproblem zwischen den Auszubildenden muss angegangen werden (verdeckter Stellvertreterkonflikt).

Soziale Ebene von Konflikten

Neben den Erscheinungsarten können Konflikte auch nach ihrer sozialen Ebene unterteilt werden:

äußerer Konflikt	innerer Konflikt
zwischen Personen (interpersonal) oder zwischen Gruppen (Inter-Gruppen-Konflikt)	eine Person ist zwiegespalten – verschiedene „Kräfte" wirken auf eine Person ein oder ziehen an ihr
oder	
Beispiel: Zwischen der Pflegeabteilung und der Hauswirtschaft gab es eine Auseinandersetzung darüber, wie das Abendessen angerichtet sein soll – und wer für die Zerkleinerung der Schnitten in mundgerechte Würfel zuständig ist.	Beispiel: Die Auszubildende im dritten Ausbildungsjahr hat ein Übernahmeangebot bekommen. Sie fühlt sich im Betrieb wohl und die Tätigkeit macht ihr großen Spaß. Sie hat außerdem die Zusage für einen Schulplatz für die Weiterbildung zur staatlich geprüften hauswirtschaftlichen Betriebsleiterin. Sie kann sich nicht entscheiden, welchen Weg sie einschlagen soll.

Konfliktarten

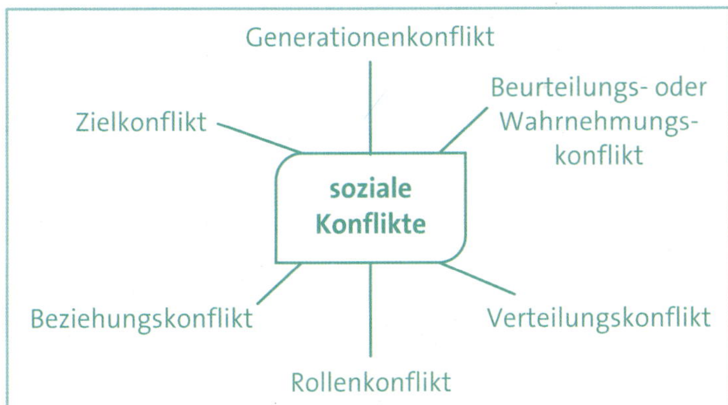

Hinweise zu Konfliktarten befinden sich hier: handwerk-technik.de/links/4236

1. *Fertigen Sie eine Mindmap als Übersicht zum Thema Konflikte an (Erscheinungsarten, Soziale Ebene und Konfliktarten).*
2. *Identifizieren Sie, welche Konfliktarten in den Teams aus der Lernsituation auftreten (könnten).*

Konflikte lösen

Wenn Sie einen Konflikt lösen wollen, ist es ratsam, eine konstruktive Grundhaltung einzunehmen: Ich bin ok – Du bist ok.

Es gibt unterschiedliche Konfliktlösungsstile:
1. Vermeidung: Nicht empfehlenswert – beide Konfliktseiten verlieren.
2. Durchsetzen oder Nachgeben: Eine Partei bekommt alles, die andere bekommt nichts.
3. Kompromiss: Beide Parteien gewinnen und verlieren ein wenig.
4. Kooperation: Beide Seiten gewinnen.

Konfliktlösung:

Ergebnis der gemeinsamen Erarbeitung einer Lösung für ein Problem. Eine Kompromisslösung ist gefunden, wenn die Lösung von Jedem ohne Gesichtsverlust angenommen werden kann.

Zur Lösung eines Konflikts können folgende fünf Punkte helfen:

1. Ziele statt Schuld	Ziele blicken in die Zukunft, Schuldzuweisungen blicken in die Vergangenheit und tragen nicht zur Lösung bei.
2. Wie statt warum	Wie ist das gekommen? Warum-Fragen können als Vorwurf gewertet werden.
3. Feedback statt Scheitern	Durch Ich-Botschaften geäußertes Feedback gibt die Möglichkeit, aus der Situation zu lernen. Scheitern führt zur Demotivation.
4. Möglichkeit statt Begrenzung	Sich nicht auf die Defizite (kann ich nicht) konzentrieren, sondern das Positive sehen (ich kann das und das).
5. Fragen statt Vermuten	Neugierde erlauben, dadurch wird Offenheit geschaffen. Vermutungen sind oft negativ und schränken ein.

3.4 Gesprächsführung

Vier-Augen-Gespräche

Bei Konflikten, die noch nicht komplett verhärtet sind, hilft oft schon ein Vier-Augen-Gespräch. Wenn die Konfliktspirale schon vorangeschritten ist und die Fronten absolut festgefahren sind, sollte ein unbeteiligter Schlichter, ein sogenannter Supervisor oder Mediator hinzugezogen werden. Bevor ein Gespräch stattfindet, bietet es sich an, eine Konfliktanalyse durchzuführen. Dies dient der Feststellung, ob tatsächlich ein Konfliktgespräch geführt werden sollte und zur Vorbereitung auf das Gespräch.

- Start:
  positiver und freundlicher Start
- Rückmeldung:
  negative Nachricht
- Ende:
  positives Lob, Dank und Anerkennung

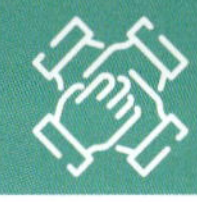

Bei einem Konfliktgespräch bietet sich die **Sandwichmethode** an. Richtig angewandt und ernst gemeint hilft die Methode dem Gegenüber, die Kritik besser anzunehmen. Die negative Kritik wird dabei zwischen positive Inhalte gepackt, wie die Füllung eines Sandwiches zwischen zwei Brotscheiben.

Sandwichmethode

Während eines Konfliktgesprächs helfen verschiedene Kommunikationstechniken: Feedbackregeln, Ich-Botschaften, aktives Zuhören und Paraphrasieren (mit anderen Wörtern umschreiben).

Gesprächsleitfaden für ein Vier-Augen-Gespräch

- **Begrüßung** – eine gute Gesprächsatmosphäre schaffen.
- Darstellung des Gesprächsanlasses: Gesprächsziele, vorgesehener Zeitrahmen.
- Sichtweise des Gegenübers darstellen lassen. Aktiv zuhören und Beobachten. Dabei Notizen machen!
- Eigene Sichtweise darlegen und Feedback an das Gegenüber geben. Die verschiedenen Interessen, Positionen und Verhaltensweisen benennen, jedoch keine Wertung vornehmen. Dabei ist es hilfreich, das Problem aus einem anderen, übergeordneten Blickwinkel zu betrachten.
- Gegenüber um Lösungsvorschläge bitten.
- Gemeinsamkeiten festhalten und um eigene Lösungsvorschläge erweitern.
- **Gesprächsabschluss:** Wichtige Punkte kurz zusammenfassen und sich gegenseitig bestätigen. Gemeinsam Ziele vereinbaren, Aufgaben verteilen und Termine setzen. Wichtig ist es, zuletzt die Ergebnisse und Vereinbarungen schriftlich festzuhalten. Wenn keine Lösung gefunden werden konnte, sollte eine Bedenkzeit und auch ein zweites Gespräch angeboten werden.

Rahmenbedingungen für ein Vier-Augen-Gespräch:
- Termin (Zeitpunkt und Dauer)
- Störungsfreier Raum (Telefon, Türschild)
- Angenehme Atmosphäre (z. B. Sitzgelegenheit, Getränk, Sitzordnung, Raumluft)

Leitfragen für ein Konfliktgespräch befinden sich hier: handwerk-technik.de/links/4236

1. *Beschreiben Sie einen Dialog nach der Sandwichmethode (siehe oben) für eines der folgenden Szenarien.*
   Team 1: Rahmenprogramm und Betreuung. Hildegard Noller und ihre Freundinnen sind Fans klassischer Musik und wünscht sich daher im Rahmenprogramm insbesondere Mozart. Mirko hat sich in der Diskussion um den musikalischen Rahmen etwas im Ton vergriffen: „Das ist doch nur für alte Leute!“
   Team 2: Verpflegung. Hier waren schon mehrere Besprechungen angesetzt. Beate kam jedes Mal 15 Minuten zu spät, worüber sich der Rest des Teams sehr geärgert hat.
   Team 3: Housekeeping. Hülya diskutiert bei jedem Vorschlag im Brainstorming zur Dekoration und argumentiert, warum das nicht geht. Sie wollen jedoch erst einmal alle Ideen sammeln, und dass jedes Teammitglied sich einbringen kann.
2. *a) Formulieren Sie, welche Gefahren die Sandwichmethode haben kann.*
   b) Führen Sie die Vor- und Nachteile auf.

Teambesprechungen

Wie in Kapitel Kapitel 4.2 beschrieben, sollten regelmäßige Teambesprechungen organisiert werden. Um die Zeit aller Teammitglieder möglichst gut zu nutzen, bietet es sich an, die Besprechung vorzubereiten und zu planen. Dazu gehört es, vorher Ort, Zeitpunkt und Dauer sowie die Tagesordnung bekannt zu geben.

TOP	Was?	Wer?	Ergebnis / ToDo
1	Begrüßung; Aktueller Sachstand	Teamleitung	Zeitplan ist eingehalten; Nächste Sitzung terminieren
2	...	...	...

Mithilfe der Tagesordnungspunkte (TOP) und dem Versenden an die Teilnehmenden wird neben einer guten Vorbereitung auch eine effiziente Besprechung ermöglicht. Außerdem kann leichter ein gut strukturiertes Ergebnisprotokoll angefertigt werden.

Durch die klare Struktur können sich alle Beteiligten auf die Besprechung einstellen, Informationen vorab einholen und der Ablauf wird flüssiger. Außerdem ist gewährleistet, dass die Besprechungsdauer eingehalten werden kann.

Die Teamregeln sind genau zu beachten und die Rollen in der Besprechung (Moderation, Zeitwache, Protokollführung) zu verteilen.

Killerphrasen

Beispiele für Killerphrasen: „Das können Sie ja noch gar nicht wissen." „Das geht so nicht!" „Das weiß doch jeder." „Wir haben das schon immer so gemacht." „Sie haben keine Kinder, oder?"

Killerphrasen oder Totschlagargumente sind vorgeschobene und pauschale Argumente, die keinen Beitrag zu einer Lösung bieten. Sie dienen dazu, den Gesprächspartner abzuwehren und zu erniedrigen. Killerphrasen machen den Gesprächspartner „mundtot". Wenn Killerphrasen erkannt werden, können diese entkräftet werden. Das gelingt beispielsweise, indem die Aussage in eine Gegenfrage umwandelt wird oder an einen weiteren Diskussionsteilnehmer weitergegeben wird. Bei Killerphrasen als sachliche Einwände sollte nach konstruktiven Vorschlägen gefragt werden. Manchmal ist es auch möglich, die Aussage zu spiegeln: „Sie sind der Auffassung, dass jemand Junges unerfahren ist und daher diese Aufgabe nicht übernehmen kann?"

Kommunikationssperren

Neben Killerphrasen hemmen auch Kommunikationssperren (nach Gordon) konstruktive Gespräche.

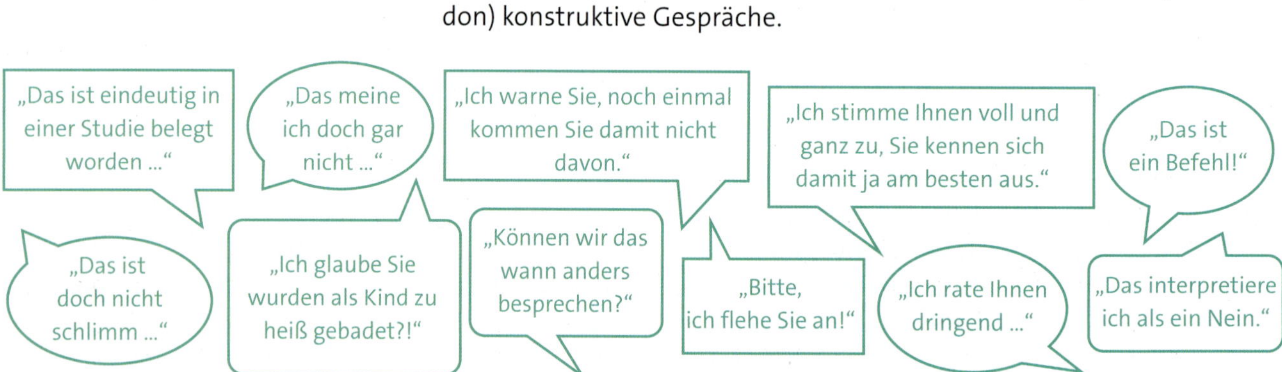

Ordnen Sie die Zitate aus den Sprechblasen auf Seite 31 den Kommunikationssperren in der Tabelle zu und finden Sie weitere Beispiele.
a) Erstellen Sie eine Tabelle für Reaktionsmöglichkeiten auf Killerphrasen nach der Vorlage in folgender Tabelle.
b) Fertigen Sie eine Liste mit Killerphrasen an, die Ihnen schon begegnet sind.
c) Sammeln Sie Reaktions- bzw. Antwortmöglichkeiten – diskutieren Sie diese Möglichkeiten in der Gruppe. Entscheiden Sie für jeden einzelnen Fall, ob diese geeignet sind, die Situation zu entschärfen.

Beispiele für Kommunikationssperren		
1. Befehlen, anordnen, auffordern	5. Belehren, durch Logik begründen, Vorträge halten	9. Interpretieren, analysieren, diagnostizieren
2. Warnen, mahnen, drohen	6. (Ver)Urteilen, kritisieren, widersprechen, Vorwürfe machen, beschuldigen	10. Beruhigen, beschwichtigen, Sympathie äußern, trösten, aufrichten
3. Moralisieren, predigen, beschwören	7. Loben, zustimmen, schmeicheln	11. Nachforschen, (aus-)fragen, verhören
4. Ratschläge erteilen, Vorschläge machen, Lösungen vorgeben	8. Beschämen, beschimpfen, lächerlich machen	12. Ablenken, ausweichen, aufziehen, sich zurückziehen

Killerphrase	Beispiele für Reaktionsmöglichkeiten	Geeignet?
„Das kann nicht dein Ernst sein."	Was lässt dich an meiner Ernsthaftigkeit zweifeln?	ja
...	...	...

3.5 Umgang mit Vielfalt

In der globalisierten Welt treffen verschiedenste Kulturen aufeinander. Nicht nur auf Reisen sind interkulturelle Kompetenzen gefragt, auch in der Arbeitswelt spielen sie eine große Rolle. Teams in hauswirtschaftlichen Betrieben sind bunt und vielfältig wie das Leben. Einwanderung aus verschiedenen Ländern führt auch dazu, dass Kundinnen und Kunden aus unterschiedlichen Kulturen nun gemeinsam in hauswirtschaftlichen Einrichtungen wohnen, leben oder zu Gast sind. Umgang mit Vielfalt umfasst dabei mehr als die geographische Herkunft.

Es lassen sich sieben **Kerndimensionen der Vielfalt** definieren:
- Alter
- Ethnische Herkunft und Nationalität
- Geschlecht und geschlechtliche Identität
- Körperliche und geistige Fähigkeiten
- Religion und Weltanschauung
- sexuelle Orientierung
- soziale Herkunft

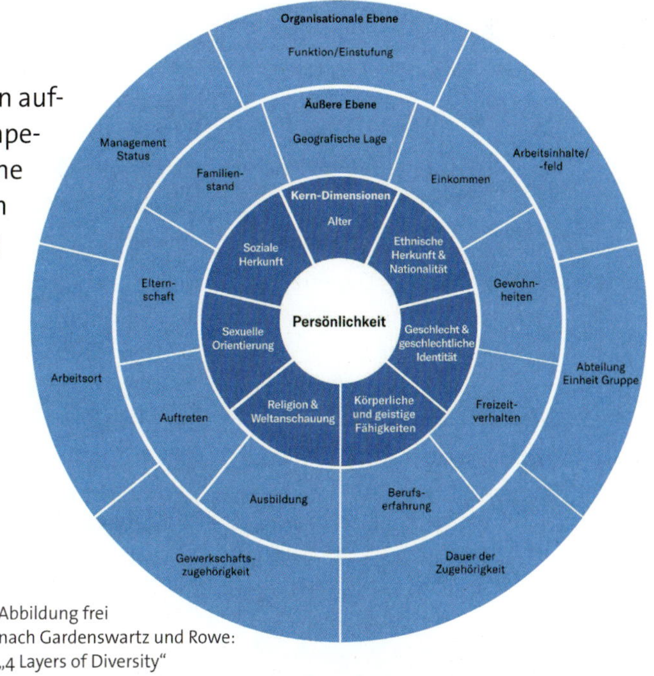

Abbildung frei nach Gardenswartz und Rowe: „4 Layers of Diversity"

Dimensionen der Vielfalt

Beispiele sind hier bestimmte Jugendkulturen (z.B. Cosplayer, Gaming, Musik-Trends) oder auch die Regenbogen-Pride-Fahne als internationales Symbol der LGBTQ+-Gemeinschaft/Bewegung.

Regenbogen als Zeichen gegen Diskriminierung

Cosplay als Jugendkultur

Woran können Kulturen erkannt werden?

1. Symbole, Mode und Kleidervorschriften: Nicht nur wenn Personen aus anderen Ländern kommen, sind Unterschiede im Kleidungsstil erkennbar.

„Mit dem Begriff „Jugendkultur“ werden Lebensvorstellungen und Lebensstile von jungen Menschen, die den Wunsch haben, ihren eigenen Weg zu finden, bezeichnet. Jugendliche wollen zum Beispiel durch Kreativität, künstlerische Ideen und intelligente Einfälle ihre Lebensweise verändern, eigene Werte entwickeln und selbstständige Entscheidungen treffen. Jugendliche finden meist andere Sachen gut als ihre Eltern. Das kann sich in der Kleidung, in der Musik, im Konsum- und Freizeitverhalten, in der Mediennutzung oder in der Sprache ausdrücken.“ (Hanisauland)

2. Religion und Weltanschauung: In hauswirtschaftlichen Betrieben existiert eine Vielzahl religiöser Praktiken und Überzeugungen nebeneinander.

Neben der römisch-katholischen und den evangelischen und Kirchen werden jüdische, muslimische oder freikirchliche Gemeinden, Buddhisten, Hindus sowie Jesiden zunehmend sichtbar: Berücksichtigung der Feiertage, Andachtsräume und spezielle Speisenangebote sind Zeichen hierfür.

3. Denkweisen und Einstellungen: Die Bedeutung der Familie und Geschlechterrollen sind stark kulturell geprägt.

Leons Eltern sind der Meinung, ein Beruf in der Hauswirtschaft wäre ein Frauenberuf und daher nicht für ihren Sohn geeignet.

Respekt:

Form der Wertschätzung, Gegenteil von Missachtung

4. Essgewohnheiten: Auch ohne weite Reise werden Unterschiede im Essen sichtbar. In unterschiedlichen Bundesländern gibt es verschiedene Gerichte oder in jeder Familie eigene Rezepte.

Interkulturelle Kompetenzen sind Teil von Personal- und Sozialkompetenz. Hohe interkulturelle Kompetenz zeichnet sich aus durch:

Offenheit:	Vorurteilsfreiheit:	Empathie und Verständnis:	Respekt und Toleranz:
Gegenüber Neuem aufgeschlossen und neugierig. Vielfalt wird als Bereicherung begriffen.	Interesse gegenüber neuen Personen, sein eigenes Urteil bilden. Die Person in ihrer Individualität sehen.	Sich in die Situation von anderen einfühlen können oder es zumindest versuchen.	Sich gegenseitig kennenlernen und in der Unterschiedlichkeit wertschätzen und niemanden ausgrenzen.

Empathie:

Einfühlungsvermögen, Bereitschaft, sich in die Einstellung anderer Menschen einzufühlen

Durch Unkenntnis über andere Kulturen und deren Gepflogenheiten oder Vorurteile entstehen Missverständnisse. Sprachliche Hürden spielen dabei eine untergeordnete Rolle. Wenn Mitarbeitende große sprachliche Defizite haben, kann der Betrieb Sprachkurse oder geeignete Ausbildungen mit integrierter Sprachförderung anbieten.

Zur Sprachförderung im Betrieb können alle mithelfen durch Anwendung folgender Tipps:

- Sprechen Sie in vollständigen und „normalen" Sätzen und konjungieren Sie die Verben (ich gehe, du gehst ...).
- Sprechen Sie in der angepassten Lautstärke (oft wird dazu tendiert, wenn jemand etwas nicht verstanden hat, dasselbe nochmal zu sagen nur lauter).
- Sprechen Sie in kurzen Sätzen.
- Versuchen Sie extremen Dialekt oder komplizierte Wörter zu vermeiden.
- Gesten und Mimik können helfen (s. S. 5).

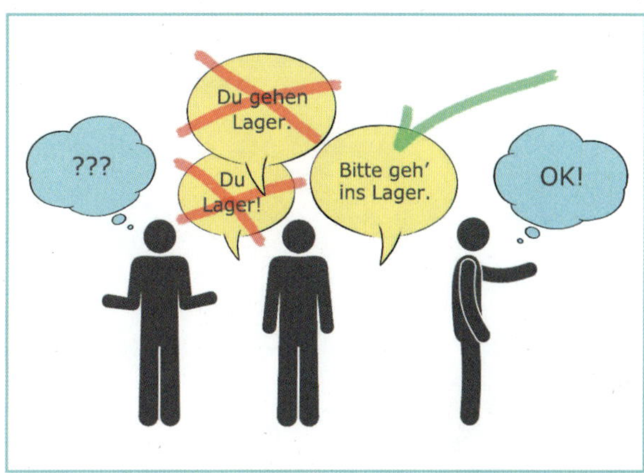

Sprachliche Hürden im Betrieb reduzieren durch deutliche Sprache

Pro und Contra von Stereotypen

Wenn wir neue Menschen kennenlernen, denken wir in **Stereotypen**. Ein Stereotyp vereinfacht und ermöglicht schnellere Entscheidungen. An sich sind Stereotype nicht unbedingt etwas Schlechtes. Oft kommt noch eine Bewertungen oder eine extreme Verallgemeinerung hinzu: „Brasilianer sind immer unpünktlich, alle Deutschen lieben Sauerkraut und Frauen reden viel." Wenn so aus einem Stereotyp ein Vorurteil wird, kann das negative Folgen wie Ausgrenzung, unfaire Behandlung oder Beleidigung haben.

Jeder Mensch sollte Denkmuster und Sterotypen immer wieder hinterfragen.

Soziale Wahrnehmung:

Wahrnehmung des Einzelnen, beeinflusst durch Werte, Normen, Vorurteile, Gruppeneinflüsse.

Vielfalt für das Team nutzen

Ein vielfältiges Team bietet in der Zusammenarbeit viele Chancen. In einem Team mit unterschiedlicher Religionszugehörigkeit können sich die Mitarbeiterinnen und Mitarbeiter mit dem Dienst an unterschiedliche Feiertage abwechseln. Zum Beispiel arbeiten christliche geprägte Mitarbeitende während des Ramadans und Muslime an den Weihnachtsfeiertagen.

Aktionswochen und Tage führen zu Abwechslung auf dem Speiseplan, Freizeitveranstaltungen mit landestypischen Beiträgen sind ein Zeichen für gegenseitiges Interesse und Wertschätzung. Mitarbeitende die verschiedenen Sprachen sprechen, helfen bei Beziehungen zu Partnerstädten, Kundinnen und Kunden aus dem Ausland, und können auch Sprachhürden bei Gästen oder Bewohnerinnen und Bewohnern überwinden.

Vielfältige Kartoffelsalate

Durch Vielfalt sichert sich der Betrieb einen Erfahrungsschatz!

1. *a) Das Team 2: Verpflegung ist auf der Suche nach einem Rezept. Sammeln Sie in Ihrer Klasse Familienrezepte für Kartoffelsalat.*
   Wie unterscheiden sich diese?
   b) Welche Schlussfolgerung können Sie aus den unterschiedlichen Rezepten ziehen?
2. *Auf dem Sommerfest soll auch ein kleiner Stand zu den Ausbildungsberufen des Generationenzentrums aufgebaut werden, an dem Eltern und ihre Kinder sich informieren können.*
   Recherchieren Sie, wie Sie die Berufe zur Berufsorientierung möglichst klischeefrei darstellen können.
3. *Tragen Sie Vor- und Nachteile der Aktionstage Boys'-Day und Girls'-Day zusammen. Diskutieren Sie in der Gruppe, ob Sie sich mit dem Generationenzentrum an einem Aktionstag beteiligen sollen. Wer aus den Teams in der Lernsituation könnte als Role-Model (Vorbild) für eine Aktion dienen?*

4 Organisationsstrukturen

Teil der Definitionsphase ist es, die Projektorganisation festzulegen. Dieser Aufgabe sollte ebenfalls sorgfältige Überlegung und Abwägung zugemessen werden, da die gewählte Projektorganisation die Rahmenbedingungen für den Ablauf des Vorhabens absteckt. So sind durch diese Struktur eindeutig die Rollen, Aufgaben und Verantwortungen geregelt.

4.1 Organisationsformen

Es gibt viele verschiedene Standards, nach denen Projekte organisiert sind. Die wichtigsten drei werden hier näher betrachtet:

Linienorganisation

Diese Organisationsform – auch genannt Stabs-Projektorganisation – bezeichnet eine Organisationsstruktur, in welcher die Objektleitung nur eine Koordinationsbefugnis aus einer Stabsstelle heraus innehat. Die Weisungsbefugnis und die Projektverantwortung liegen bei der Leitung der Linienorganisation. Die Projektleitung kann hierbei nicht frei über die personellen Ressourcen verfügen oder ggf. zusätzlich für die Durchführung des Projekts Personen einstellen. Der Aufbau dieser Organisation gestaltet sich jedoch am einfachsten, verglichen mit den anderen beiden noch folgenden Formen. Die Mitarbeiterinnen und Mitarbeiter, welche für das Projekt benannt wurden, verbleiben in ihrer jeweiligen Position im Betrieb.

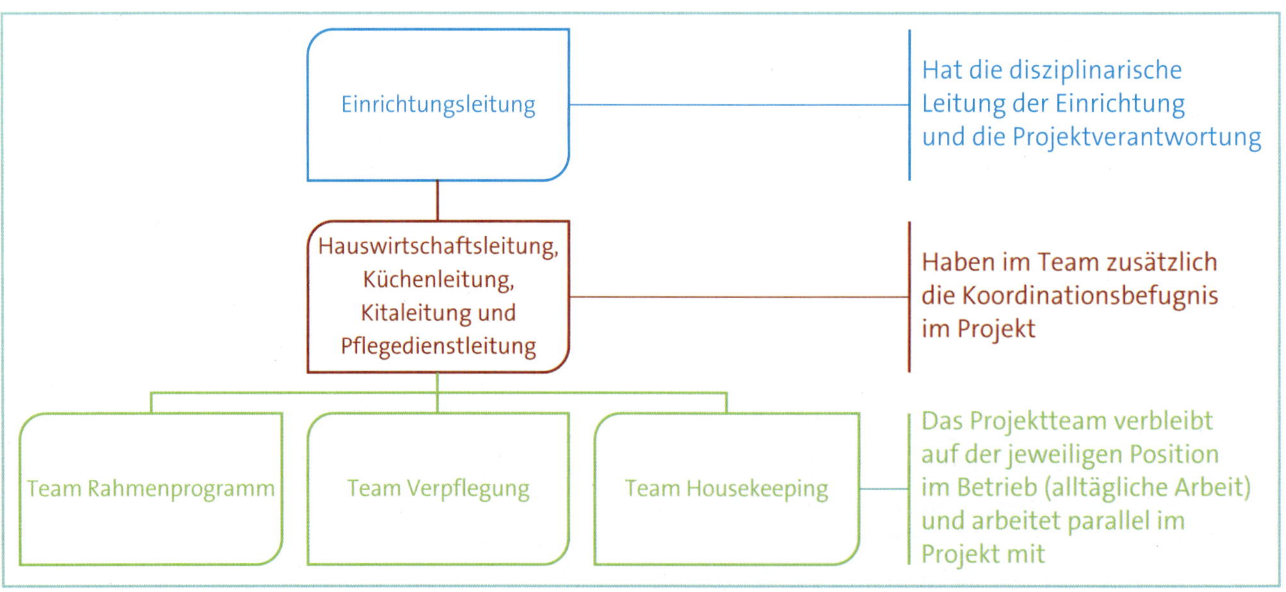

Beispiel einer Linienorganisation, in welcher die Projektleitung nach der Unternehmensführung kommt und anschließend das Projektteam

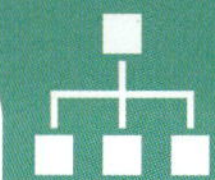

Matrixprojektorganisation

Die Matrixorganisation folgt dem Prinzip der Mehrfachunterstellung (Mehrliniensystem). Sie ähnelt dem Aufbau der Linienorganisation, jedoch ist die Projektleitung keine disziplinarische Führungskraft. Die Mitarbeiterinnen und Mitarbeiter, welche für das Projekt benannt wurden, verbleiben auch in dieser Organisationsform in ihrer jeweiligen Position im Betrieb. Zusätzlich zu den bereits genannten Führungskräften, ist dem Projektteam eine dafür benannte Projektleitung zur Seite gestellt. Diese Projektleitung hat eine fachliche Weisungsbefugnis über das Projektteam.

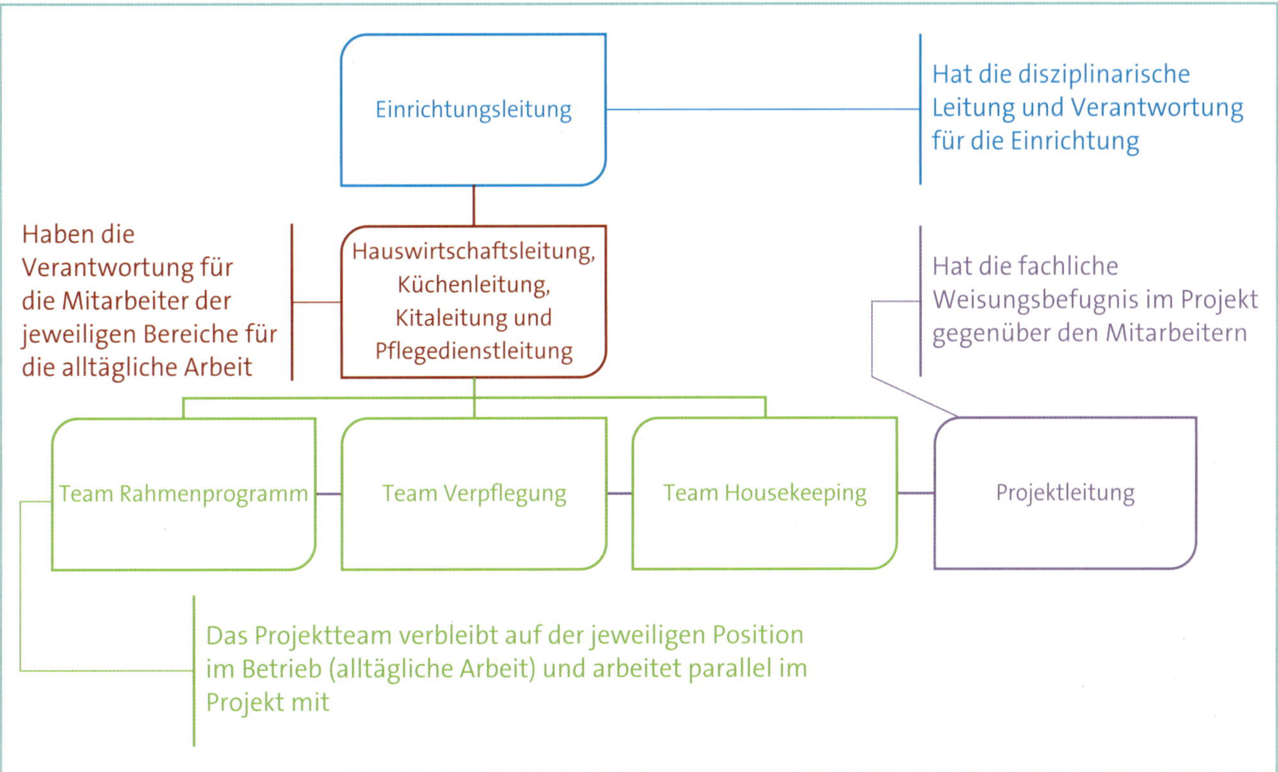

Beispiel einer Matrixprojektorganisation, die die Aufteilung der Verantwortungen verdeutlicht

Autonome Projektorganisation – Task Force

Als vollkommen eigenständige Organisationsform stellt sich die autonome Projektorganisation dar.

autonom:
eigenständig, selbstständig

Die Projektmitglieder sind fachlich und disziplinarisch voll der Projektleitung unterstellt, welche die Verantwortung für das Projekt trägt. Die Projektleitung führt ihr Projekt völlig eigenverantwortlich. Das Projektteam wird speziell für die Durchführung des Projektes eingestellt. Dadurch hat die Projektleitung während der Projektdauer den uneingeschränkten Zugriff auf die Teammitglieder. Mit dem Projektabschluss endet der Vertrag der Projektmitglieder und sie verlassen den Betrieb.

Sie haben Einiges über die verschiedenen Organisationsformen gelesen.
a) Recherchieren Sie zu jeder Organisationsform je drei Vor- und Nachteile.
b) Stellen Sie diese im Klassenteam vor und führen eine Diskussion dazu.

4.2 Organigramm, Kommunikationsplan und Delegieren

Organigramme

Das Organigramm zeigt in Form eines Diagramms, den Aufbau, die Struktur und die Zuständigkeiten innerhalb eines Unternehmens. Wie eine Art Landkarte verschafft es eine Übersicht und Orientierung und dient zudem der Kommunikation mit Mitarbeiterinnen und Mitarbeitern und Bewerberinnen und Bewerbern.

Mit Kästen, Kreisen, Pfeilen und Linien werden Zusammenhänge zwischen einzelnen Einheiten der Organisation, den Abteilungen und den Angestellten, dargestellt. Die Verbindungen im Organigramm stehen dabei meistens für:

- Wer ist für wen und für was verantwortlich?
- Wer ist wem weisungsbefugt?
- Wie verlaufen die Kommunikationswege?

weisungsbefugt:

jemandem Anweisungen erteilen dürfen

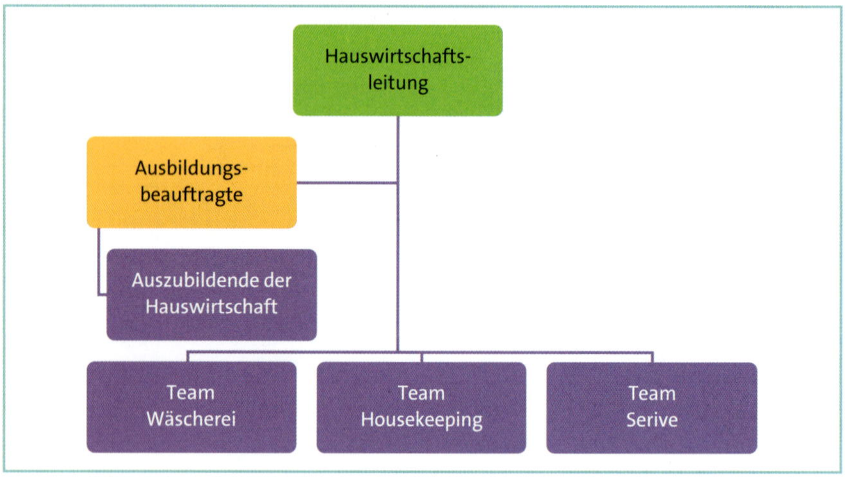

Hauswirtschaftsleitung		
Ausbildungsbeauftragte		
Auszubildende der Hauswirtschaft		
Team Wäscherei	Team Housekeeping	Team Serive

Beispiel eines Organigrammes

Ausführliches Beispiel eines Organigramms befindet sich hier: handwerk-technik.de/links/4236

Die Auszubildende Hülya aus dem Team 3: Housekeeping, ist für die florale Tischdekoration beim Sommerfest verantwortlich. Sie ist aufgrund ihrer bisher erworbenen Kompetenzen Leon gegenüber, der gerade sein Praktikum macht, befähigt, ihm kleine Arbeitsaufträge zu erteilen. Hierfür muss sich Hülya nicht erst die Erlaubnis der Vorgesetzten einholen. Dieses hierarchische Gefüge findet sich grundlegend in den Niveaustufen des Deutschen Qualifikationsrahmen (DQR) wieder, welche jeweils der vorhergehenden Stufe als weisungsbefugt einzuordnen sind. So kann Hülya in etwa der Stufe 4 zugeordnet werden, da sie dem Abschluss der Hauswirtschaft zustrebt. Der ihr zugeteilte Praktikant ist in jedem Fall darunter anzusiedeln.

Die Zuordnung für die Berufe der Hauswirtschaft erfolgte durch die Deutsche Gesellschaft für Hauswirtschaft e.V. Unter www.dqr.de finden Sie ausführliche Informationen zu den verschiedenen Niveaustufen.

1. *Fragen Sie in Ihrem Ausbildungsbetrieb nach dem Organigramm.*
2. *Vergleichen Sie im Klassenteam die unterschiedlichen Organigramme. Sind die Weisungsbefugnisse und Verantwortungen unterschiedlich aufgeteilt?*

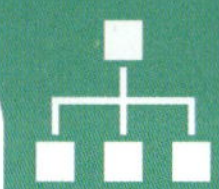

Kommunikationsplan

Ein Kommunikationsplan dient der hausinternen Kommunikation. Er gibt einen Überblick über die Organisation der geplanten Abstimmungsgespräche zwischen den Mitarbeiterinnen und Mitarbeitern innerhalb einer Abteilung und auch abteilungsübergreifend. Ziel ist es, im Betrieb immer alle rechtzeitig über Veränderungen zu informieren. Die Gespräche sind dabei zeitlich so gelegt, dass sie den betrieblichen Alltag möglichst wenig unterbrechen und Pausenzeiten respektiert werden.

Wird festgestellt, dass doch häufig Informationen verloren gehen oder falsch weitergegeben werden, dann sollte ein Kommunikationsplan und eine Schnittstellenmatrix nach dem folgenden Schema erarbeitet werden:
- Wann finden Besprechungen statt?
- Wie lange sollten die Besprechungen dauern?
- Wo wird die Besprechung geführt?
- Welche Personen oder Abteilungen sollten anwesend sein?

Kommunikation ist der Schlüssel zum Erfolg.

Wann?	Wie lange?	Was / Wo?	Wer?
Täglich	30 Minuten	Morgenbesprechung in der Aula	Einrichtungsleitung, Küchenleitung HW-Leitung, Pflegedienstleitung, Hausmeister
Wöchentlich	120 Minuten	„Steuerungskreis“	Alle leitenden Funktionsstellen
Wöchentlich	90 Minuten	Wohnbereichsküche, Zentralküche	Küchenleitung, Mitarbeitende, Einrichtungsleitung
Monatlich	60 Minuten	Dienstbesprechung Küche im Speisesaal	Küchenleitung, Mitarbeitende der Küche
...	...	...	...

Beispiel für einen Kommunikationsplan

Delegieren von Verantwortung

Für jedes Arbeitspaket wird eine verantwortliche Person bestimmt. Das ist in aller Regel nicht die Projektleitung, sondern die Verantwortung wird an andere Teammitglieder delegiert = abgegeben. Was aber nicht ausschließt, dass auch die Projektleitung ein Arbeitspaket übernehmen kann.

Delegieren von Verantwortung bedeutet:
- Gemeinsam den Auftrag klären
- Die Projektteammitglieder bearbeiten selbstständig den Auftrag / das Arbeitspaket
- Die Projektleitung steht als Kontakt bereit
- Die Projektleitung beobachtet den Verlauf
- Die Projektleitung greift koordinierend ein, wenn sich abzeichnet, dass das Ziel nicht erreicht wird.

Delegieren lernen

Wenn ich erfolgreich delegieren will, muss ich zuallererst lernen, dass Dinge auch dann gut gemacht sein können, wenn sie nicht so gemacht werden, wie ich sie gemacht hätte.

Erarbeiten Sie mithilfe des Organigramms vom Generationenzentrum (siehe Abbildung oben) einen Kommunikationsplan. Teilen Sie die Klasse in die drei Teams und stellen Sie sich gegenseitig die Ergebnisse vor.

5 Anleiten von Personen

Auszubildende und neue Mitarbeitende sowie Praktikantinnen und Praktikanten werden von Fachkräften vor Ort im Betrieb praktisch angeleitet. Aber auch Bewohnerinnen und Bewohner oder Kinder werden regelmäßig von hauswirtschaftlichen Fachkräften im Rahmen der hauswirtschaftlichen Betreuung angeleitet.

5.1 Einführung zum Anleiten

Anleiten darf nicht mit Anweisen verwechselt werden. Anleiten bedeutet nicht, Befehle zu erteilen, sondern Personen fachliche, gedankliche oder soziale Hilfestellung zu geben. Anleiten wird häufig nur im Zusammenhang mit Ausbildung gesehen, also Ausbildungspersonal als Anleiterinnen und Anleiter. Dabei geht es beim Anleiten um mehr. Es geht darum, Personen in ihrem Lernprozess individuell zu unterstützen. Nicht nur die fertige Lösung soll aufgezeigt werden. Viel mehr wird die anzuleitende Person angeregt, eigene Lösungswege zu entwickeln. Eine Person, die anleitet, motiviert also. Erst wenn sich bei der Aufgabenbearbeitung abzeichnet, dass Unterstützung gebraucht wird, gibt die anleitende Person Hilfestellungen. Durch Fragen wird deutlich, ob korrigierend und unterstützend eingegriffen wird, um gewünschte Ergebnisse und Lernprozesse zu erzielen. Eine solche Unterstützung/Coaching/Training brauchen nicht nur Auszubildende, sondern auch andere Arbeitskräfte – immer dann:

Hilfestellung statt Befehle bringt Lernerfolg

– wenn sie neue Aufgaben übernehmen,

> Eine Hauswirtschafterin wechselt allergiebedingt von der Küche in die Wäscherei.
> Ein Praktikant soll im Laufe seines Praktikums alle Bereiche der Hauswirtschaft kennenlernen.

- wenn sie in neue Prozesse eingeführt werden, mit denen noch keine Erfahrungen vorliegen oder

In der Großküche wird ein neuer Konvektomat angeschafft. Eine gemeinsame Einführung wird angeboten.
In der Fußbodenreinigung wird auf eine neue Methode umgestellt.

- wenn ihre Arbeit für das Unternehmen von großer Bedeutung ist.

Um hygienisches Arbeiten sicherzustellen, werden alle Mitarbeitenden jährlich in Sachen Hygiene geschult. Damit soll das Risiko für Infektionskrankheiten bei Mitarbeitenden und Bewohnerschaft gesenkt werden. Beispielsweise sind Rückstellproben auch versicherungsrechtlich relevant und können dem Betrieb helfen, Schadenersatzansprüche abzuwehren.

Nicht zuletzt sollte eine Fachkraft auch im Sinne der vollständigen Handlung am Ende bewerten können, ob die Ziele erreicht wurden.

Mögliche Fragen in den einzelnen Handlungsschritten:

1. Wie würden Sie diese Aufgabe angehen?
2. Wie sieht Ihr Zwischenstand aus?
3. Welche Herausforderungen haben oder hatten Sie zu bewältigen?
4. Wie beurteilen Sie das Ergebnis

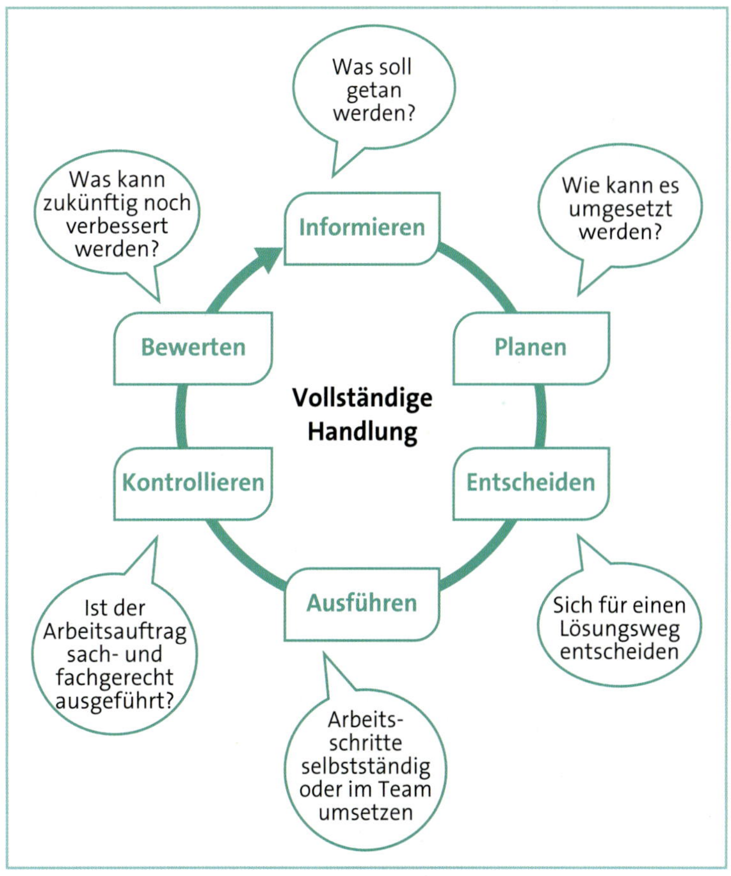

Modell der vollständigen Handlung in einem Kreislauf

5.2 Zielgruppen

Hauswirtschaftliche Fachkräfte arbeiten in Betrieben mit vielen unterschiedlichen Personen zusammen. Eine Fachkraft kann eine anleitende Funktion innehaben, sie weist neue Mitarbeitende ein oder begleitet an- und ungelernte Kräfte. Als Fachkraft ist sie auch zusammen mit der Ausbilderin oder dem Ausbilder für Auszubildende, Personen im Praktikum oder Freiwilligendienst mitverantwortlich. Besondere Anleitung findet auch mit dem Klientel statt: Kinder in der Kita lernen, den Tisch zu decken, Bewohnerinnen und Bewohner helfen bei hauswirtschaftlichen Tätigkeiten in der Betreuung, Jugendliche oder Menschen mit Behinderung produzieren unter Anleitung der hauswirtschaftlichen Fachkräfte Produkte für einen Basar. Alle diese Bereiche erfordern bei Hauswirtschafterinnen und Hauswirtschaftern die Kompetenz, Andere anzuleiten, zu motivieren und gemeinsam Ergebnisse zu beurteilen.

5.3 Motivation und Förderung

Ein wichtiger Begriff im Zusammenhang mit der Anleitung (Lernen und Mitarbeiten) ist die Motivation. Jeder Mensch hat eigene Motivationsstrukturen. Die wichtigste Voraussetzung, eine Person zu motivieren ist daher, diese persönlich zu kennen. Als hauswirtschaftliche Fachkraft geht es häufig darum, unterschiedliche zu betreuende Personen und Personengruppen zum Beispiel Bewohnerinnen und Bewohner oder Kinder zum Mitmachen zu motivieren. Die Bedürfnisse der Personen spielen für ihre Motivation eine zentrale Rolle. Außerdem ist die eigene Motivation der Fachkraft entscheidend.

Es wird zwischen innerer und äußerer Motivation unterschieden. Im besten Fall ergänzen sich die innere und äußere Motivation.

Innere (intrinsische) Motivation	Äußere (extrinsische) Motivation
Motivation innerhalb einer Person, bestimmte Dinge zu tun.	Äußere Gründe regen eine Person zu einem bestimmten Verhalten an.
Zum Beispiel: Spaß, Überzeugung, Ehrgeiz, Sinnhaftigkeit	Zum Beispiel: Belohnungen wie Anerkennung, Geld und Karriereaufstieg (positive Verstärkung), oder auch Bestrafung (negative Verstärkung)

Die Motivationsspirale

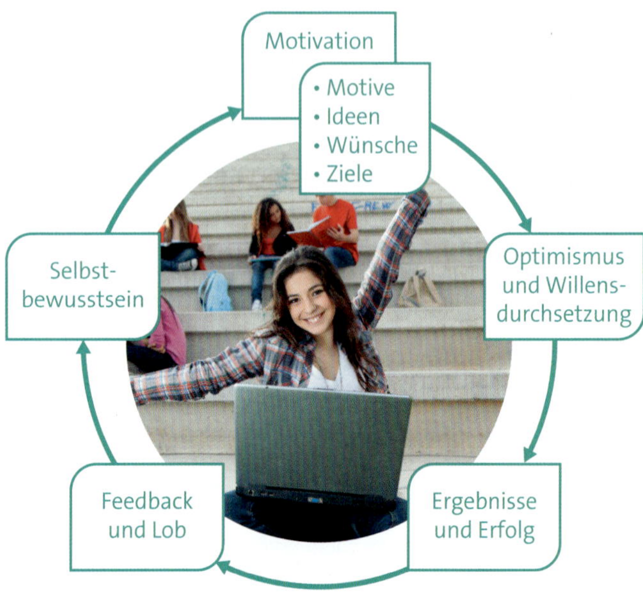

Die Auszubildende möchte eine Weiterbildung zur Meisterin der Hauswirtschaft machen und bekommt eine Einstellung im Generationenzentrum in einer höheren Gehaltsstufe zugesichert.

Ist eine Person motiviert und hat dann Erfolg, wirkt sich dies positiv auf die Persönlichkeit und damit auf die weitere Motivation aus. Misserfolge werden besser bewältigt, wenn Erfolgserlebnisse nicht ausbleiben.

Voraussetzungen für erfolgreiches Lernen:

1. Person verfügt über die erforderlichen Kompetenzen.
2. Person kennt die Erfolgskriterien (woran Erfolg messbar ist und wann das Ziel erreicht sein sollte).
3. Person hat genug Zeit, das Ziel zu erreichen (realistisch).

Erfolgserlebnisse sind wichtig!

Erwarten Personen einen Misserfolg oder eine Blamage, besteht kaum eine Chance auf Erfolg. Dieser Effekt wird self-fulfilling prophecy genannt.

Die Wissenschaftler Rosenthal und Jacobsen haben in Experimenten gezeigt, dass Lehrkräfte, die dazu bewegt wurden, einen Lernenden als dumm einzuschätzen, durch ihr Verhalten tatsächlich dessen schulischen Erfolg erheblich minderten (Rosenthal-Effekt).

Robert King Merton definierte den Begriff der self-fulfilling prophecy, der selbsterfüllenden Vorhersage, und erklärte mit dieser Theorie eine unbewusst ablaufende Verhaltensänderung bzw. -steuerung, die dazu führt, dass sich eine Erwartung oder Befürchtung tatsächlich erfüllt. *Stangl, W. (2021).*

Ein sogenannter Flow-Effekt entsteht dann, wenn eine Person mit einer Aufgabe oder Situation optimal gefördert – also weder über- noch unterfordert – wird. Der Flow-Zustand vermittelt der Person ein Glücksgefühl, sie geht in der Aufgabe förmlich auf. Es handelt sich um eine Herausforderung, die zu bewältigen ist. Die Person kann sich voll und ganz auf das eigene Tun konzentrieren und verfolgt ein eindeutiges Ziel. Die Arbeit geht mühelos von der Hand, das Zeitgefühl geht auf eine positive Art verloren und das Gefühl der Kontrollierbarkeit der Situation stellt sich ein.

Angst ist kein guter Motivator.

Eine gute Lernatmosphäre ist wichtig für die Motivation und den Lernerfolg.

Voraussetzungen und Tipps, wie es der anleitenden Person gelingen kann, eine positive Atmosphäre zu schaffen:
- freundlicher Empfang der Lernenden
- Bedeutung und Wichtigkeit der Aufgabe deutlich machen
- Vorkenntnisse abfragen
- nach erfolgreich erledigten Arbeitsschritten loben
- Fragen statt Sagen – Fragen stellen und beantworten
- den Lernenden selbstständiges Üben ermöglichen
- konstruktive Kritik mit Erklärung üben
- Teamgeist und Wir-Gefühl der Lernenden fördern (Gruppenarbeit)
- Gesamterfolg feiern und anerkennen
- gelegentliche Belohnung zur weiteren Motivation

Flowzustand – optimale Herausforderung

„In dir muss brennen, was du in Anderen entzünden willst. Nur wer selbst brennt, kann Feuer in Anderen entfachen". *Augustinus Aurelius von Hippo (354–430, Kirchenvater)*

1. *Recherchieren Sie im Internet Informationen zur Bedürfnispyramide nach Maslow.*
2. *Leiten Sie ab, welche Bedürfnisse bei Ihnen durch die Mitarbeit am Sommerfest entstehen und welche Sie damit befriedigen können.*
3. *Beschreiben Sie innere und äußere Motivationsfaktoren, die in Ihrem Team (wählen Sie ein Team aus der Lernsituation) vorliegen.*
4. *Interpretieren Sie das Zitat von Augustinus Aurelius von Hippo in Bezug auf das Projekt Sommerfest.*
5. *Beim Rahmenprogramm sollen auch die Kinder der Kindertagesstätte mit einem Auftritt eingebunden werden. Eins der Kinder weigert sich, mitzumachen. Beschreiben Sie Ihr Vorgehen in dieser Situation.*
6. *In der Wohngruppe der Senioren soll gemeinsam das Rezept für einen Kuchen zum Sommerfest ausprobiert werden. Ein Senior möchte nicht mitmachen: „Ich zahle hier so viel und jetzt soll ich auch noch selbst backen?!" Erläutern Sie, wie Sie vorgehen. Wie unterscheidet sich die Situation zu der vorangegangenen mit dem Kind?*

Leistungsformel

Individuelle Förderung mit der Leistungsformel

Auch die Leistung von Mitarbeitenden kann von inneren Faktoren (aus der Person: Ziele, Erwartungen und Bedürfnisse) und äußeren Faktoren (Umgebung: Betriebsklima, Arbeitsatmosphäre und -bedingungen) beeinflusst werden. Die Leistungsfähigkeit schwankt dabei je nach Tageszeit, Wochentag, Jahresablauf und auch bezogen auf das Arbeitsleben. Leistung setzt sich zusammen aus Leistungsbereitschaft (Wollen), Leistungsfähigkeit (Können) und Leistungsmöglichkeit (Dürfen).

Schon das alte Sprichwort „Wo ein Wille ist, da ist auch ein Weg." bringt zum Ausdruck, dass es zum Erreichen eines Ziels mehr braucht als Können und Dürfen oder gar Müssen.

5.4 Methoden

Es gibt verschiedene Methoden, mit denen Lernenden neue Inhalte beigebracht werden können bzw. wie sie sich neue Kompetenzen aneignen können. Die Methoden müssen zur Aufgabe/Arbeit, zum Lerninhalt und den Lernzielen sowie zum Lernort und der lernenden Person passen. Um einen Lernerfolg zu erzielen, sollten folgende Regeln beachtet werden:

- Prinzip der Einfachheit
  - vom Bekannten zum Unbekannten
    (Welches Vorwissen ist vorhanden?)
  - vom Leichten zum Schweren
    (Was soll zuerst gelernt werden?)
  - vom Einfachen zum Komplexen
    (Welche Teilschritte/Aufgaben gibt es?)
  - vom Allgemeinen zum Speziellen
    (Welche allgemeinen Erfahrungen lassen Sie auf die Situation übertragen?)
  - vom Konkreten zum Abstrakten
    (Wie lässt sich das Wissen in einen Gesamtzusammenhang einbinden?)
  - vom Nahen zum Entfernten
    (Was ist im Umfeld üblich und wie ist es woanders?)
- Prinzip der Zielklarheit
  (Was soll gelernt werden?)
- Prinzip der Praxisnähe
  (Wozu soll es gelernt werden, was bringt es?)
- Prinzip der Anschaulichkeit
  (Welche (Umsetzungs-)Beispiele können aufgezeigt werden?)
- Prinzip des selbstständigen Handelns
  (Was selbst durchgeführt wurde, kann sich besser gemerkt werden.)
- Prinzip der Erfolgssicherung
  (Wurde das Ziel erreicht?)

Lernen bei der Arbeit – Erläuterung von Arbeitsaufträgen und Einarbeitungsmethode

Die Fachkraft überträgt der lernenden Person eine Arbeitsaufgabe mit bereitgestellten Informationsmedien. Bei Fragen und Schwierigkeiten wird durch die Anleitungsperson beraten. Lernende bearbeiten den Arbeitsauftrag selbstständig, stellen ihr Ergebnis der Fachkraft vor und besprechen ihre Erfahrungen.

1. Orientierung: Das Ziel der Arbeitsaufgabe, das erwartete Ergebnis, der zeitliche Umfang, die einzusetzenden Arbeitsmittel sowie die bevorzugte Arbeitsmethode werden erörtert. Die lernende Person sollte zum Fragen angeregt werden.

Der Boden des Wohnzimmers ist bis zum Mittagessen trocken zu reinigen. Der Boden soll hinterher frei von losen Verschmutzungen wie Haaren, Staub und Krümeln sein.

2. Hilfestellung geben: Die Fachkraft greift nur ein, wenn die lernende Person auf Herausforderungen stößt, die sie nicht selbstständig lösen kann. Gegebenenfalls können Arbeitsblätter eingesetzt werden.

Der Staubsauger geht nicht an, es wird die Bedienungsanleitung zur Verfügung gestellt.

3. Kontrolle: Das Ergebnis wird mit der Fachkraft erläutert. Loben und wenn notwendig Hinweise zur Verbesserung geben.

„Wie sind Sie vorgegangen?"; „Versuchen Sie beim nächsten Mal, sternförmig zu saugen, so sparen Sie Zeit und Kraft."

Zunächst sind geeignete Arbeitsaufgaben zu erkennen (welche die lernende Person bereits selbstständig erledigen kann), auszuwählen und in eine sinnvolle, aufbauende Reihenfolge zu bringen. Die Fachkraft bereitet die Arbeitsaufgaben/Aufträge vor und formuliert die Aufgabenstellung. Während der Durchführung begleitet, kontrolliert und unterstützt die Fachkraft lediglich bei Bedarf.

Diese Methode kann bei einfachen und klaren Arbeitsaufträgen angewandt werden. Bei komplexeren Arbeitsaufgaben z. B. Reinigung eines Bewohnerzimmers sollte besser auf die Einarbeitungsmethode zurückgegriffen werden.

Lern- und Arbeitsaufgaben...

... entwickeln:
- Identifizierung von Arbeitsaufgaben
- Auswahl von Arbeitsaufgaben
- Reihenfolge von Lern- und Arbeitsaufgaben

... einsetzen:
- Vorbereitung von Lern- und Arbeitsaufgaben
- Formulierung der Aufgabenstellung
- Diskussion der Aufgabenstellung

... begleiten und kontrollieren:
- Moderation von Lern- und Arbeitsaufgaben
- Abschlusspräsentation der Ergebnisse
- Evaluation von Lern- und Arbeitsaufgaben

Ausbildung mit Lern- und Arbeitsaufgaben

Anzuleitende Person	Fachkraft
Legen gemeinsam (Lern-)Ziele und Aufgaben fest	
Plant Aufgaben	Unterstützt bei Bedarf
Führt Arbeitsaufgaben durch	Beobachtet Durchführung
Reflektiert ihr Ergebnis	Beschreibt Handlungen und gibt Feedback
Selbst- und Fremdeinschätzung angleichen → Kompetenz- und Erkenntniszuwachs	

Übertragung einer Arbeitsaufgabe mit bereitgestellten Informationsmedien

Einarbeitungsmethode

Mit dieser Methode sollen die Lernenden Stück für Stück mehr Kompetenzen aufbauen, so dass sie die Aufgabe am Ende der Anleitung selbstständig erfüllen können. Mit der Einarbeitungsmethode können Personen, unter der Mitwirkung einer Fachkraft, an einem Arbeitsplatz eingearbeitet werden. Die Lernenden informieren sich währenddessen über die anfallenden / notwendigen Tätigkeiten. Sie beobachten und notieren sich Stichpunkte beispielsweise zum Ablauf, stellen Fragen an die Fachkraft und übernehmen Hilfstätigkeiten. Im Anschluss können die Lernenden über die Erfahrungen und Aufgaben berichten.

- Die Fachkraft bereitet den Arbeitsplatz vor – die lernende Person schaut zu
  - *Reinigungswagen wird mithilfe der Checkliste bestückt.*
- Hilfstätigkeiten/ Zuarbeit und Beobachten
  - *Die Fachkraft reinigt ein Zimmer, die lernende Person arbeitet zu, indem sie vorpräparierte Moppbezüge vom Reinigungswagen holt oder Wäsche aus dem Zimmer in den Sammelbehälter bringt.*
- Die lernende Person übernimmt Vor- und Nacharbeiten
  - *Die lernende Person rüstet den Reinigungswagen selbst auf und ab.*
- Übernahme von Teilaufgaben durch die lernende Person
  - *Die lernende Person übernimmt Teile der Reinigung (z. B. Bett überziehen oder Bodenreinigung) selbstständig.*
- Selbstständige Aufgabenerfüllung
  - *Die lernende Person kann ein Zimmer selbstständig und komplett reinigen.*
- Besprechung/Feedback
  - *Gemeinsam mit der Fachkraft werden das Ergebnis und die neuen Erkenntnisse besprochen.*

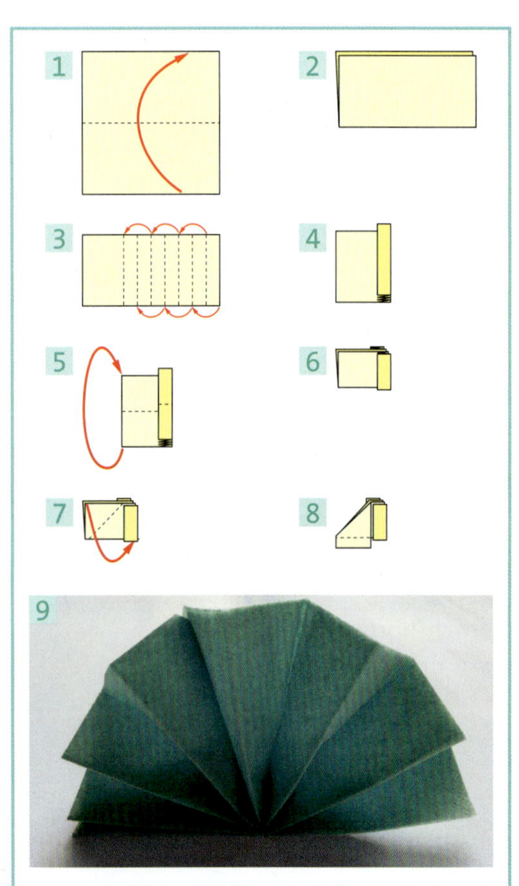

Schritt-für-Schritt-Anleitung

Arbeitsblätter und Schritt für Schritt Anleitungen

Praktische Anleitung mithilfe von Arbeitsblättern kann in unterschiedlicher Form erfolgen. Arbeitsblätter können unterschiedlich gestaltet sein: Aufbau- oder Bedienungsanleitungen, Reinigungspläne, Checklisten, Flussdiagramme oder auch Schritt-für-Schritt-Anleitungen.

Für eine Schritt-für-Schritt-Anleitung ist es empfehlenswert, eine Tabelle anzulegen, in der die Arbeitsschritte der Aufgabe nummeriert, beschrieben und bebildert sind. Häufig werden diese Anleitungen beim Arbeiten mit Kindern, Menschen mit Einschränkungen oder Demenz oder Personen mit sprachlichen Hürden eingesetzt. Diese Anleitungen können digital, als Poster oder als klassische Arbeitsblätter eingesetzt werden.

Das sind die Vorteile von Anleitungen mit Arbeitsblättern:
- Standardisierte Prozesse werden so einheitlich erlernt und sind besser überprüfbar.
- Das Arbeitsblatt wird einmal erstellt und kann für alle neuen Mitarbeitenden verwendet werden.
- Die Anleitung kann gegebenenfalls delegiert werden.
- Die lernende Person kann anhand des Arbeitsblatts selbstständig arbeiten und sich selbst kontrollieren.
- Wiederholung und Nachschlagen der Inhalte zu einem späteren Zeitpunkt sind möglich.

Kurzvorträge, Demonstrationen und Tutorials

Bei einem **Kurzvortrag** steht die vortragende Fachkraft im Mittelpunkt des Geschehens. Es werden aktuelle Informationen in zusammengefasster Form (5–10 Minuten) mithilfe von gesprochener Sprache kurz vorgestellt. So lassen sich wesentliche Inhalte und ein Überblick schnell vermitteln. Blickkontakt, rhetorische Fähigkeiten und nonverbale Kommunikation sind für die Aufmerksamkeit der Zuhörenden erforderlich.

Bikini-Regel: Ein guter Vortrag ist kurz und knapp, aber das wesentliche ist abgedeckt.

Teaser (Anreißer)

= kurze Film-, Musik- oder Textausschnitte sollen Neugier wecken und zum Weitersehen, -lesen, -hören oder -klicken animieren.

Aufbau eines Kurzvortrags:
- Einleitung und Einführung
- Ausführung
- Zusammenfassung

Beispiele für Teaser: Rezensionen zu Büchern und Filmen in Form eines Teasers oder im betrieblichen Bereich Animationen für Unterweisungen (Arbeitsschutz, Hygiene).

Bei der **Demonstrationsmethode** steht ebenfalls die Anleitungsperson im Zentrum der Aufmerksamkeit. Die Anleitungsperson führt etwas zur Veranschaulichung vor und verdeutlicht damit Arbeitsprozesse oder Zusammenhänge (Lerngegenstand). Neben der Erklärung können daher auch Werkstücke, Modelle, Plakate, Schaubilder oder -tafeln oder eben auch Filme eingesetzt werden. Der Unterschied zu einem Kurzvortrag ist, dass mindestens zwei Sinne (hören und sehen) direkt angesprochen werden. Damit eine Demonstration erfolgsversprechend ist, braucht es demnach zwei Zutaten: Ansprechende Visualisierung und fachlich korrekte und verständliche Erklärungen der kompetenten Fachkraft. Sie eignet sich sowohl für Kleingruppen als auch einzelne Personen.

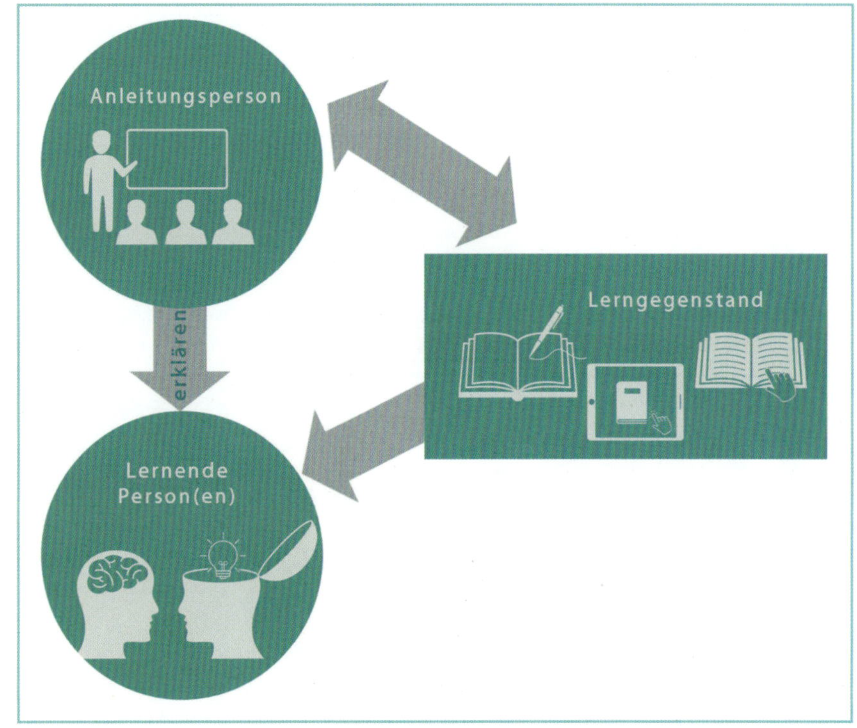

Bestandteile einer Demonstration

visualisieren:

= optisch darstellen, veranschaulichen

Beispiele: Vorstellung neuer Reinigungsmaschinen oder -techniken, Demonstration von Schneidetechniken, können auch mittels einer Dokumentenkamera auf die Wand projiziert werden, sodass mehrere Personen einen guten Blick auf die Tätigkeit haben.

Eine besondere Form der Demonstration sind **Video-Tutorials**. Diese erfreuen sich durch Videoplattformen im Internet wachsender Beliebtheit. Ähnlich wie bei den Arbeitsblättern hat ein Video-Tutorial den Vorteil, dass dieses einmal aufgezeichnet wird und dann beliebig oft und vielen Lernenden zur Anleitung vorgeführt werden kann. Nachteil ist, dass Rückfragen bei der Entkopplung von Demonstration und Anwendung nicht ohne weiteres möglich sind. Dafür kann das Video wiederholend geschaut werden oder Zuschauerinnen und Zuschauer können Pausen einlegen oder zurückspulen, wenn ihnen etwas zu schnell ging. Tutorials können einzeln angeschaut werden oder in der Gruppe via Bildschirm oder Beamer. Der Informationsgehalt hat einen hohen Stellenwert bei diesen Videos. Auch vor dem Hintergrund von Onlinelernen spielt diese Methode eine immer größere Rolle.

Tutorial:

fungiert als Anleitung beispielsweise wie etwas zubereitet oder hergestellt wird.

Im Gegensatz zu Tutorials zeigen Erklärvideos größere Zusammenhänge und Hintergründe aus. Die Sachverhalte eines Themas werden mit einfachen Grafiken und einer Geschichte (meist mit einer Hauptfigur) dargestellt.

Inhaltlicher Aufbau von Video-Tutorials:
1. Einleitung und Aufzeigen des Ziels
2. Vorführen und Erklären bzw. Zuschauen und Zuhören
3. Erkenntnisse
4. Zusammenfassung

Beispiele: Tutorials zum Umgang mit dem Spritzbeutel für Modetorten, zu kreativen Näharbeiten sowie zu Life Hack oder zu Tipps für Ordnung im Alltag.

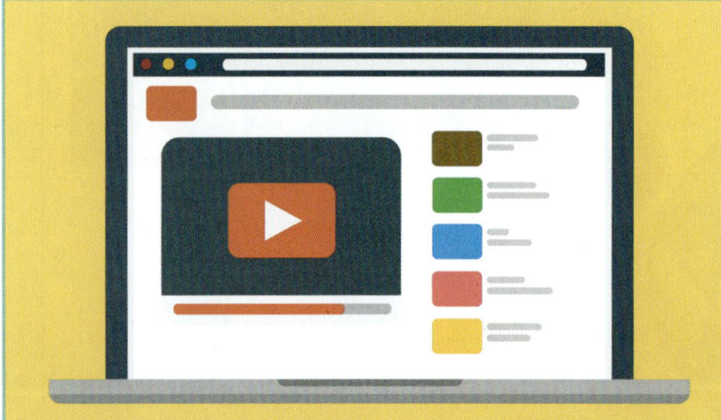

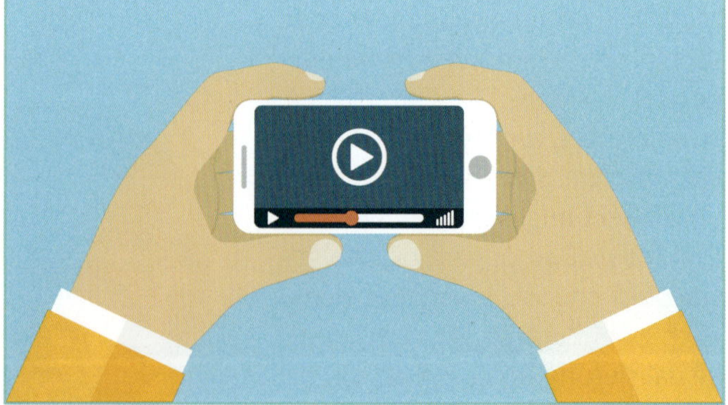

Tutorials und Erklärvideos können durch mobile Endgeräte überall geschaut werden.

5.5 Medien und Hilfsmittel

In der vorangegangenen Einführung zu unterschiedlichen Methoden wurde deutlich, dass Medien und Hilfsmittel bedeutend sind für eine anschauliche und damit nachhaltige Anleitung.

Medien bei der Anleitung sind Kommunikationsmittel, die den Lernprozess unterstützen. Medien können unterschiedlich eingeteilt werden, z. B. wie sie wahrnehmbar sind:

– visuell – sehen 
– auditiv – hören 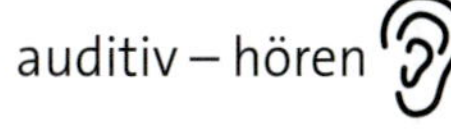
– audio-visuell – hören und sehen 
– haptisch – fühlen 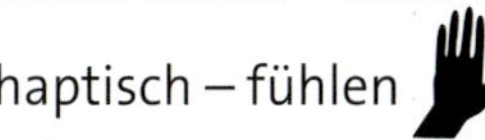

Gesprochener oder geschriebener Text reicht in den wenigsten Fällen aus, praktische Inhalte so darzustellen, dass die lernende Person sich ein ausreichendes Bild davon machen kann. Die Vorstellungskraft erstreckt sich meist auf Inhalte oder Tätigkeiten, zu denen sie schon Erfahrung gesammelt hat. Gänzlich neue Inhalte müssen visuell unterstützt, also sichtbar gemacht werden. Dies kann in Form von Abbildungen und über unterschiedliche Medien und Hilfsmittel (Bücher, Arbeitsblätter, Präsentationen mit Bildschirmen oder über den Beamer, Poster, Plakate, Schautafeln) erfolgen (siehe Übersichtstabelle). Farben haben eine Symbolwirkung. Das bekannteste Beispiel sind die Ampelfarben. Grün bedeutet daher meistens: gut, erlaubt, erwünscht. Rot steht für Vorsicht, Gefahr, Verbot oder Achtung.

Das Wort Medium kommt aus dem lateinischen und leitet sich von Mitte oder in der Mitte befindlich ab. Es handelt sich demnach um ein vermittelndes Element. Garmedien beispielsweise transportieren Wärme an das zu garende Lebensmittel, ein Kommunikationsmedium übermittelt die Botschaft von einer sendenden zu einer empfangenden Person. Massenmedien (z. B. Fernsehen, Rundfunk) sind technische oder organisatorische Einrichtungen für die Vermittlung von Meinungen, Informationen, Kultur.

Schild, das symbolisiert: Hier kein Eingang

	Beschreibung und Eignung	Beispiel(e)	
Visuell (Sehen)			
Texte (geschrieben)	Dienen der Information oder auch der Anleitung von Inhalten, die über geschriebene Sprache vermittelt werden können. Einschränkung: Person muss die Schrift und Sprache lesen und verstehen können. Aufmerksamkeit kann bei langen Texten stark zurückgehen.	Kochrezepte oder Kochbücher, Bedienungsanleitung eines Geräts, Aufbauanleitung von Möbeln	
Listen	Dienen dem schnellen Nachschlagen von vereinfachten Inhalten. Oft in Tabellenform oder mit Nummerierungen versehen.	Umrechnungstabelle für Lebensmittel, Checkliste zur Reinigung	
Poster/ Plakate	Zur Veranschaulichung in Räumen und bei einer mittleren Gruppengröße. Insbesondere für Inhalte geeignet, die über einen längeren Zeitraum sichtbar sein sollen.	Plakate bei einer Ausstellung im Flur zur Geschichte des Generationenzentrums. Plakate zur Händehygiene am Handwaschbecken. Poster zu den Garmethoden in der Küche	

	Beschreibung und Eignung	Beispiel(e)	
Fotos	Dienen der Veranschaulichung oder auch der Dokumentation. Regen über die Aktivierung des Sehsinns Denkprozesse an.	Fotos von einer Torte zum Rezept, sodass die angeleitete Person sich das Ergebnis besser vorstellen kann	
Grafiken	Stellen Zahlen, Zusammenhänge oder Verhältnisse visuell dar. Sind meist gezeichnet.	Diagramme (Nährstoffzusammensetzung des Mittagessens), Flussdiagramme (Ablauf einer Unterhaltsreinigung im Speisesaal), Mindmap zum Sommerfest	
Symbole	Inhalte, Warnungen oder Funktionen werden kurz und knapp dargestellt und können schnell erfasst werden. Auch von Personen, die Schwierigkeiten mit der Sprache oder dem Lesen haben.	Gefahrenkennzeichen oder Straßenschilder, internationales Symbol für den Powerschalter Aus- (0) und Anschalten (I) kombiniert	
Symbolfarben	Erhöhen die Aufmerksamkeit, heben hervor, vereinfachen Aussagen.	Vier-Farben-System bei Reinigungstüchern	
Visuell und haptisch			
Werkstücke und Modelle	Zeigen Ergebnisse handwerklichen Könnens. Durch die Möglichkeit des Berührens und Fühlens (also durch Haptik) kann ein weiterer Lerntyp angesprochen werden. Auch Stoffproben oder Gegenstände (beispielsweise in Fühlboxen) können zum Lernen über den Tastsinn beitragen.	Ausformungsvarianten für Hefeteig aus Salzteig hergestellt zum Anschauen und Anfassen Modell eines Verdauungstraktes für Ernährungslehre Stoffproben für die Auswahl geeigneter Textilien	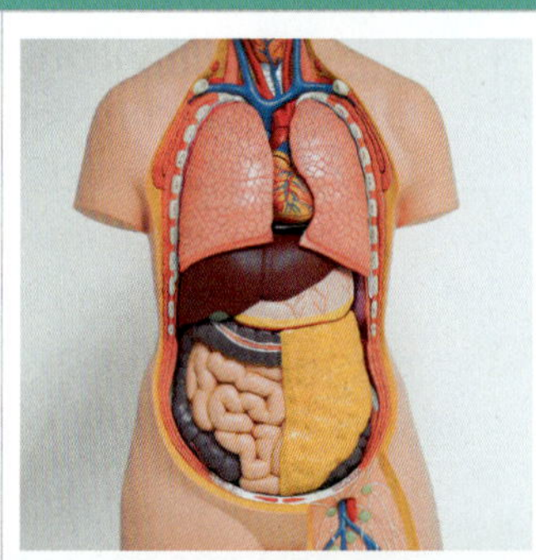
Audio (Ton) 			
Hörspiele/ audio Podcasts (mehrere Folgen)	Sind Tonaufnahmen von Geschichten, Diskussionen, Interviews oder Reportagen. Eignet sich für Personen, die dem auditiven Lerntyp angehören oder ungern Lesen und zum selbstständigen Lernen. Als kreative Eigenproduktionen kann auch die Erstellung eines Podcast im Betrieb helfen, Strukturen und betriebliche Informationen zu verdeutlichen.	Azubi-Podcasts, Podcasts von Gebäudereinigungsinnung, zum Thema Nachhaltigkeit oder Ernährungsthemen	

	Beschreibung und Eignung	Beispiel(e)	
Audiovisuell			
Sprachnachrichten	Können der vereinfachten und schnellen Kommunikation oder auch der Dokumentation von Aufgaben dienen.	Arbeitsaufträge via Messenger, Bestätigung der erledigten Aufträge durch Sprachnachrichten	
Filme	Erweitern das Medium Bild/Foto um Bewegung und Ton. Somit eignen sie sich besonders gut für Inhalte, die in Bewegung vermittelt werden. Das Ansprechen mehrerer Sinne und ggf. auch der Emotionen verbessert die Merkleistung.	Imagefilm des Unternehmens für neue Mitarbeitende, Erklärfilm zur Hygieneschulung, Video-Tutorial zum Thema Desserts verzieren.	

Hilfsmittel

Die Unterscheidung von Medien zu Hilfsmitteln ist nicht trennscharf. Beispielsweise kann das Medium Podcast auf unterschiedlichen „Hilfsmitteln" gespeichert und abgespielt werden. Für den Lernerfolg ist es jedoch nicht von Bedeutung, ob wie der Podcast abgespielt wird. Ähnlich wie bei einem Text. Im Normalfall ist es für die lernende Person unerheblich, ob der Text in einem Buch oder auf einem Tablet gelesen wird. Persönliche Vorlieben und Gewöhnung sind hier entscheidender. Vorteile von digitalen Medien sind, dass diese oft einfacher an den Nutzer angepasst werden können. Zum Beispiel können für Personen mit einer Seheinschränkung die Schriftgröße erhöht oder Texte von einer Computerstimme vorgelesen werden. Das Praktische bei mobilen Endgeräten ist, dass diese multimedial geeignet sind und sowohl zur Kommunikation (Versenden und Empfangen von Nachrichten, Anrufen und Dateien), Information (Recherche im Internet oder Nachschlagen von Fachbegriffen in Apps), als auch zur Speicherung und Dokumentation (Fotografieren des Endprodukts, des gereinigten Zimmers oder des Defekts an einer Maschine, Abspeichern von Dateien) genutzt werden können.

Ein Smartphone kann außer Telefonieren viele weitere Funktionen erfüllen wie Taschenrechner, PC, Kalender (mit Erinnerungsfunktion), Lexikon, Videokamera, Fotokamera, To-do-Liste, Wecker, Stoppuhr, Timer, Uhr, Bildschirm, Buch, Radio, Fernsehgerät und vieles mehr.

In der Anleitung im praktischen Arbeiten sind auch Werkzeuge (Küchengeräte, Reinigungsgeräte und -tücher) Betriebsmittel und gleichzeitig Hilfsmittel für die Anleitung. Besonders beliebt sind Verfahrensvergleiche (Reinigung von Hand oder mit der Maschine, Trockenreinigung vs. Nassreinigung), die durch das selbstständige Ausprobieren und Erfassen von Daten einen langanhaltenden Lerneffekt bewirken.

Hilfsmittel zum Anleiten

Symbol für kein Zutritt

Nonverbale Kommunikation

Gesten und Mimik können bei der Verständigung helfen, insbesondere wenn die Sprache an die Grenzen kommt. Handzeichen können unterschiedliche Bedeutung haben.

Beispiel: In Deutschland wird in der Regel mit dem Daumen angefangen, wenn von Hand gezählt wird. Ein ausgestreckter Daumen bedeutet demnach eins oder ein Stück. In anderen Ländern bedeutet der Daumen ausschließlich gut und es wird beim Zählen mit dem Zeigefinger angefangen. Der ausgestreckte Zeigefinger ist hier das Symbol für ein Stück. In Amerika wird oft mit dem kleinen Finger angefangen zu zählen.

Gesten können auf Schilder gedruckt werden, um die Aussage zu verdeutlichen.

Thema/Aufgabe	Arbeits-aufgabe	Einarbeitungs-methode	Schritt-für-Schritt	Kurzvortrag	Demons-tration	Tutorial	Sonstige
Sichtreinigung des Foyers für das Sommerfest							
Herstellung eines Blumengestecks für das Sommerfest							
Gemeinsames Backen mit Senioren und Seniorinnen							
Einüben eines Tanzes mit Kindern							
Hygieneunterweisung zum Umgang mit Lebensmitteln							
Garnieren einer Torte							
Servietten falten für den Empfang am Sommerfest							
Einübung von einem Verkaufsgespräch am Kuchenstand							

Erstellen Sie eine Tabelle, in der Sie durch Ankreuzen erfassen, welche Methoden Sie wählen würden, um ein neues Teammitglied am Sommerfest zu folgenden Themen/Aufgaben anzuleiten:

Team 1: Rahmenprogramm und Betreuung:

a) Recherchieren Sie im Internet zum Thema Kurzvortrag.
b) Bereiten Sie einen Kurzvortrag zum Thema Ausbildung in der Hauswirtschaft vor, der am Sommerfest gehalten werden soll.
c) Wählen Sie geeignete Medien und Zitate für Ihren Vortrag aus. Stellen Sie den anderen Teams/Gruppen Ihre Ergebnisse vor.

Team 2: Verpflegung:

a) Recherchieren Sie im Internet zum Thema Schritt-für-Schritt-Anleitung.
b) Wählen Sie eine Anleitung aus, die Ihnen besonders zusagt. Analysieren Sie anschließend die Vorteile der Anleitung.
c) Fertigen Sie eine Schritt-für-Schritt-Anleitung mit Fotos für ein Kuchenrezept Ihrer Wahl an.

Team 3: Housekeeping:

a) Recherchieren Sie im Internet zum Thema Video-Tutorials.
b) Wählen Sie nach Belieben eine Anleitung aus. Analysieren Sie dessen Vorteile.
c) Fertigen Sie ein Tutorial zum Thema Sichtreinigung einer Glasfläche (Eingangstür zum Sommerfest) an.

Abschluss und Feedback

6

Es ist geschafft. Das Projekt, die Aufgabe ist abgeschlossen. Beflügelt und voller Stolz wird direkt das nächste Vorhaben angegangen. Doch mindestens genauso wichtig wie die ordentliche und strukturierte Planung und Durchführung eines Projektes, ist dessen Abschluss. Die während des Projektes angefallenen Dokumente werden zunächst gesichtet und sortiert, dann das Ergebnis kontrolliert. Alle Projektbeteiligten sollten sich gegenseitig ein abschließendes Feedback geben sowie eine Rückmeldung von Außenstehenden einholen. So hat das nächste Projekt sowie der nächste Arbeitsauftrag die Chance, ein noch größerer Erfolg zu werden.

6.1 Dokumentation von Arbeitsergebnissen

Die Dokumentation von Arbeitsprozessen dient der Verbesserung von Arbeitsabläufen und Ergebnissen. Mithilfe der erstellten Dokumente kann außerdem besser auf mögliche Rückfragen oder Reklamationen reagiert werden. Daher sollten während der gesamten Phase der Bearbeitung einer Aufgabe oder eines Projektes die schriftlichen Unterlagen, die bei der Planung und Durchführung angefertigt werden, gesammelt werden. Dazu gehören zum Beispiel Personaleinsatzpläne (s. a. S. 13), der Projektzeitplan, aber auch Telefonnotizen und Rezepte sowie Protokolle von Teamsitzungen oder Arbeitsergebnissen.

Ziel erreicht: der erfolgreiche Projektabschluss

Die begleitend zur Aufgabe erstellten Dokumente helfen, zeitnah innerhalb eines Teams auf mögliche Probleme und Abweichungen von Standards aufmerksam zu machen. Gleichzeitig können alle am Projekt Beteiligten auf die Unterlagen zurückgreifen, so dass gerade bei größeren Vorhaben alle Teammitglieder jederzeitig über den aktuellen Stand informiert sind. Sollten außerdem im Laufe des Projektes neue Teammitglieder hinzukommen, können diese sich leicht durch die Dokumentation einarbeiten. Um zu gewährleisten, dass die Dokumentation lückenlos erfolgt, sollte sie einfach und schnell zu erstellen sein. Vorlagen bieten den Teammitgliedern Unterstützung. Diese sollten besonders auch den Mitarbeitenden Unterstützung bieten, die in ihrem Arbeitsalltag wenig mit Dokumentationsaufgaben betraut sind. Damit gerade bei größeren Projekten keine Missverständnisse auftreten, ist vor Beginn des Projektes Folgendes zu klären:

1. Wer ist für die Dokumentation verantwortlich?
2. Nach welcher Struktur soll dokumentiert werden?
3. Wo werden die Dokumente abgelegt und für wen sind sie abrufbar?
4. Wie lange müssen die Dokumente aufbewahrt werden?
5. Was passiert nach Abschluss des Projekts mit den Dokumenten?

Damit ein Projekt auch nach seiner Durchführung nachhaltig von Nutzen ist, ist am Ende der Durchführung eine abschließende Gesamtdokumentation anzufertigen. Dieser enthält
- die von Beginn an gesammelten, gut strukturierten Unterlagen
- einen Abschlussbericht, der das gesamte Projekt reflektiert
- mögliche Verbesserungsvorschläge für die Zukunft

Auf den ersten Blick erscheint die sorgfältige und regelmäßige Dokumentation aller Prozesse aufwändig und lästig. Doch der Aufwand lohnt sich, denn sie helfen, in Zukunft ähnliche Situationen zu meistern.

6.2 Kontrolle und Auswertung von Arbeitsergebnissen

Bei der Mittagsverpflegung in einer Tagespflege verteilt die Hauswirtschafterin Fragebögen an die Gäste. Sie erhält so Rückmeldung zur Zufriedenheit der Gäste mit dem Speisenangebot. Die Antworten helfen ihr, in Zukunft das Speisenangebot noch besser auf die Gäste abzustimmen.

Bei der Kontrolle und Auswertung werden Arbeitsergebnisse mit den ursprünglich angestrebten Zielen verglichen. Es wird überprüft, ob die bis zu einem bestimmten Zeitpunkt zu erledigenden Aufgaben fertiggestellt sind und ob die geplante Qualität erreicht wurde. Es ist sinnvoll, neben einer Auswertung am Ende eines Projektes oder einer Aufgabe, schon während des Erstellungsprozesses immer wieder zu kontrollieren, ob alles nach Plan läuft. Leitende Teammitglieder sollten sich in regelmäßigen Abständen treffen (s. a. S. 33) und sich über den Fortschritt ihrer Aufgaben austauschen. Dies ermöglicht in Zusammenarbeit mit einer kontinuierlichen Dokumentation ein rechtzeitiges Eingreifen bei möglichen Fehlentwicklungen.

Neben der Eigenkontrolle, die beispielsweise durch Checklisten und anhand von gemeinsam festgelegten Qualitätskriterien erfolgt, kann die Kontrolle auch von außen als sogenannte Fremdkontrolle stattfinden. Die Fremdkontrolle wird von Vorgesetzten oder durch andere Abteilungen durchgeführt. Eine weitere Möglichkeit der Kontrolle von außen erfolgt indirekt durch Gespräche mit und Reklamationen durch die Kundschaft. Will man diese gezielter und systematischer erfassen, bietet sich die Befragung der Kundschaft an. Die Kontrollergebnisse können zur Verbesserung der Arbeitsergebnisse genutzt werden.

Schnelles Feedback mit Smileys

Beispiele für Feedbackbogen siehe hier:
handwerk-technik.de/links/4236

	🙂	😐	🙁
Hat Ihnen unser Rahmenprogramm zugesagt?			
Wie zufrieden waren Sie mit der Buffetauswahl?			
Wie hat Ihnen die Raumdekoration gefallen?			
Wie interessant war für Sie die Präsentation?			
Wie sehr hat Ihnen der heutige Tag geholfen, sich für unsere Fachakademie zu entscheiden?			
Haben Sie Verbesserungsvorschläge?			

Das Bewertungssystem basiert auf den Ampelfarben.

1. *Die drei Teamleitungen treffen sich, um den Abschlussbericht zu besprechen.*
   a) *Sammeln Sie Kriterien für eine gute Gestaltung einer Dokumentationsmappe.*
   b) *Erstellen Sie ein Inhaltsverzeichnis für eine abschließende Gesamtdokumentation. Überlegen Sie sich dafür: welche Dokumente dürfen nicht fehlen? Welche Reihenfolge ist sinnvoll?*
2. *Sie haben in Kapitel 2 Meilensteine für jedes Team erarbeitet. Bilden Sie wieder drei Gruppen und legen Sie für die jeweiligen Meilensteine fest, wie das Erreichen dieser Zwischenziele kontrolliert und ausgewertet werden kann.*

6.3 Feedback

Ein Feedback, also die Rückmeldung durch eine andere Person, ergänzt die subjektive Einschätzung der eigenen Leistung durch eine objektive Einschätzung von außen. Das Feedback kann sich auf die Kommunikation, auf das Verhalten oder auf die Leistung beziehen. Es dient dazu, Schwachstellen aufzudecken und ein mögliches Verbesserungspotenzial zu erkennen. So kann das Ergebnis verbessert werden. Außerdem können auf diese Weise Missverständnisse geklärt und Ansprüche und Erwartungen ausgedrückt werden. Das macht Feedbacks besonders im beruflichen Umfeld sehr wertvoll.

Subjektiv:

Von persönlichen Gefühlen, Interessen, Vorurteilen bestimmt, voreingenommen, befangen, unsachlich.

Objektiv:

Sachlich, unvoreingenommen, unparteiisch und nicht von Gefühlen und Vorurteilen bestimmt und geleitet.

Das JoHari-Fenster (siehe Abbildung) verdeutlicht die Bedeutung eines nützlichen Feedbacks. Denn nur durch eine gute Rückmeldung ist der Zugang zu dem sogenannten blinden Fleck möglich. Dieser liegt in dem Bereich des eigenen Verhaltens, den Andere sehen können, der einem selbst aber nicht präsent ist. Ein Beispiel sind unbewusste Gewohnheiten.

Diese Eigenschaften und Verhaltensweisen können positive Merkmale sein, die einem selbst nicht bewusst sind. Genauso können sich hier Eigenschaften verbergen, bei denen die eigene Wahrnehmung positiv ist, die aber von Außenstehenden als störend oder belastend empfunden werden. Ein Feedback kann genau diese Schwachstellen aufdecken. Deshalb kann die feedbackempfangende Person sich angegriffen fühlen und eine Abwehrhaltung einnehmen. Aus diesem Grund braucht eine gute und professionelle Rückmeldung klare Regeln.

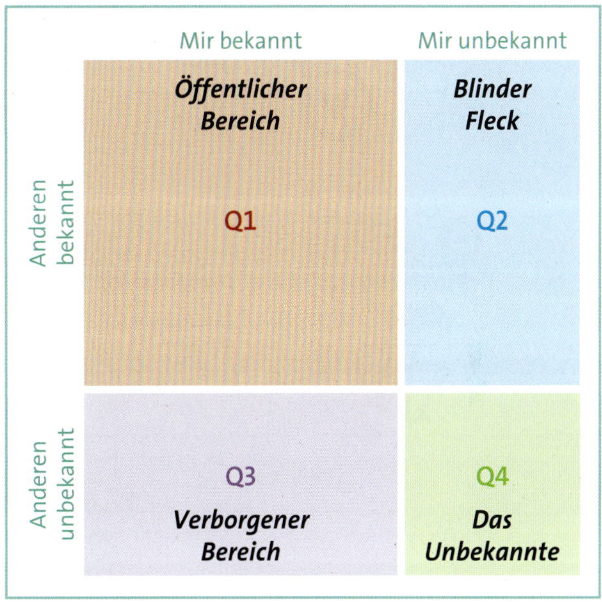

Das JoHari-Fenster: Selbstwahrnehmung und Fremdwahrnehmung im Vergleich

Feedbackregeln

Ein Feedback besteht grundsätzlich aus zwei Bausteinen: Feedback geben und Feedback annehmen. Es stellt für beide Seiten eine große Herausforderung dar. Ein professionelles Feedback enthält Lob und Kritik und spricht deshalb auch sensible Bereiche an. Dazu gehören die persönliche Weiterentwicklung sowie positive und negative Verhaltensweisen. Der Austausch einer solchen Rückmeldung sollte daher gut vorbereitet und in einem passenden zeitlichen und räumlichen Rahmen erfolgen. Die Planung und Durchführung eines Feedbackgesprächs sowie die konkrete Zielsetzung sind daher sehr wichtig. Ziele eines Feedbacks können beispielsweise die Beurteilung einer Leistung, Formulierung neuer Ziele und Anforderungen, Lösung von Konflikten, aber auch die Steigerung der Identifikation mit der eigenen Arbeitsumgebung sein.

Klare Regeln für eine kompetente und erfolgreiche Rückmeldung ermöglichen es beiden Seiten, mit dem Feedback professionell umzugehen. Sie sollten daher auch von beiden Seiten beachtet werden.

Letztlich erfordern beide Seiten viel Übung und Erfahrung, um möglichst viel Nutzen aus einem Feedback ziehen zu können und damit die Verkleinerung des blinden Flecks zu erreichen.

Feedback sollte...

Ich finde, dass...
mir ist aufgefallen, dass...

...als **Ich-Botschaft** formuliert sein.

Gut gefallen hat mir, dass...

...zu Beginn auch **positive Aspekte** nennen.

Bei deinem nächsten Versuch könntest du...

...Schwächen nicht als Defizite, sondern als **konkrete Tipps** definieren.

Für ein gelungenes Feedback braucht es nicht viel

Regeln für ein Feedback-Gespräch

1. Der richtige Zeitpunkt: aufgrund der emotionalen Komponente eines Feedbacks sollte dieses niemals „zwischen Tür und Angel“ oder unter Zeitdruck erfolgen. Gleichzeitig darf der Abstand zwischen Verhalten und Rückmeldung nicht zu lang sein, damit die empfangende Person einen Nutzen aus dem Feedback ziehen kann.
2. Das richtige Umfeld: ein professionelles Feedback braucht eine angenehme, neutrale und sichere Atmosphäre, die am besten unter vier Augen erreicht werden kann. In größeren Runden besteht sonst die Gefahr, dass die empfangene Person das Gefühl hat, sich rechtfertigen zu müssen und das Feedback vielleicht nicht annimmt.
3. Anbieten nicht Aufzwingen: um einen möglichst guten Effekt zu erreichen, muss vorher abgeklärt werden, ob die empfangende Person bereit ist, ein Feedback anzunehmen bzw. dieses überhaupt wünscht.
4. Erst Selbst-, dann Fremdbewertung: als Einstieg in ein Feedbackgespräch eignet sich die Frage nach einer Selbsteinschätzung. So werden zum einen bisher möglicherweise unbekannte Informationen erlangt, die dann direkt beim Feedbackgeben genutzt werden können. Zum anderen können Selbst- und Fremdwahrnehmung im Voraus abgeglichen werden.
5. „Meine“ Sicht: die gebende Person sollte deutlich machen, dass sie ihre eigene Sichtweise darstellt, die eine mögliche Sicht darstellt und nicht die uneingeschränkte Wahrheit für sich beansprucht.
6. Konkret mit aktuellen Beispielen: es sollte möglichst konkret und klar beschrieben und nicht bewertet werden. Dazu eignen sich aktuelle Beispiele für Verhaltensweisen und Eigenschaften. Diese sollten unbedingt selbst erlebt und keine Verallgemeinerungen sein.
7. Ich-Botschaften: sie teilen dem Gegenüber mit, wie Verhalten nach außen wirkt, ohne zu sehr zu belehren oder zu werten.
8. Überforderung verhindern: damit ein Feedback für die angesprochene Person nützlich ist, sollte es nicht zu viele Informationen enthalten. Besser sind kurze, regelmäßige Rückmeldungen.
9. Keine Forderungen: ein Feedback vermittelt neben Sichtweisen auch die Wünsche der gebenden Person. Diese werden nicht alle erfüllt werden. Die feedbacknehmende Person entscheidet selbst, ob sie ihr Verhalten ändern will.
10. Feedback-Bewertung: am Ende eines Feedbackgesprächs sollten beide Seiten das Gespräch beurteilen. Waren die Anmerkungen hilfreich? War die Art, in der sie ausgeführt wurden, angemessen? Wie soll es weitergehen? Wie kann die gebende Person in Zukunft eine Unterstützung darstellen?

Feedbackmethoden

Neben einem Vier-Augen-Gespräch (s. a. S. 24), das vor allem zwischen Vorgesetzten und Mitarbeitenden stattfindet, gibt es noch weitere Methoden, um Feedback zu geben bzw. einzuholen. Gerade bei der Arbeit im Team ist ein kollegiales Feedback wertvoll, da es oft einfacher ist, von Personen aus dem direkten Arbeitsumfeld eine Rückmeldung anzunehmen als von Vorgesetzen oder Außenstehenden.

Die Lob- und Entwicklungskarten (besonders geeignet für Unerfahrene): bei dieser Methode tauschen Teammitglieder untereinander Kärtchen aus. Auf der Vorderseite steht der Name der Person, für die das Feedback gedacht ist, auf die Rückseite wird die Rückmeldung zu einem Verhalten oder einer erledigten Aufgabe mit persönlicher Begründung festgehalten. Durch den Einsatz verschiedener Farben kann zwischen Lob (z.B. in Grün) und Entwicklungsbedarf (z.B. in rot) unterschieden werden.

Der Feedback-Kreis: für diese Methode stellen sich alle Teammitglieder in zwei Kreisen mit je gleicher Anzahl an Personen auf, so dass sich jeweils zwei Personen gegenüberstehen. Die Mitglieder im inneren Kreis geben dann denen im äußeren das Feedback. Der äußere Kreis bewegt sich im Uhrzeigersinn weiter, bis jede Person ein Feedback erhalten hat. Dann tauschen die beiden Kreise ihre Position, bis am Ende alle Mitglieder von jeder Person eine Rückmeldung erhalten hat.

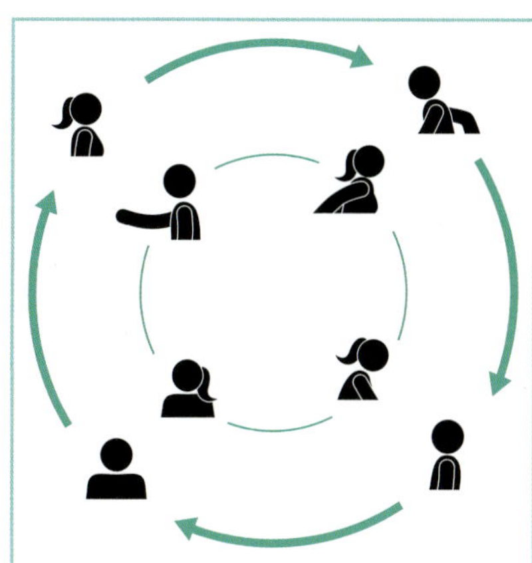

Aufstellung im Feedbackkreis

Rollen verhandeln (für Teams mit gutem Vertrauensverhältnis): diese Methode ermöglicht ein differenziertes Feedback. Inhaltlich geht es darum, Rückmeldung zu Verhaltensweisen zu geben, die beibehalten, verstärkt oder minimiert werden sollen. Dafür füllt jedes Mitglied für alle andere Personen im Team ein Blatt mit Satzanfängen aus.

Mögliche Satzanfänge könnten sein:
Damit sich unsere Zusammenarbeit verbessert,
würde ich mir wünschen, dass du/Sie...
... bitte weiterhin...
... häufiger oder mehr...
... weniger oder gar nicht mehr...
machst/machen.

Das ausgefüllte Blatt wird der betreffenden Person persönlich überreicht. Die empfangene Person kann dann für sich entscheiden, ob sie die Aussage annimmt oder nicht. Außerdem können einzelne Äußerungen persönlich besprochen werden.

Je besser die Methode ausgewählt wird, desto erfolgreicher und nutzbringender fällt das Feedback aus.

Mindmap:

Methode, um Gedanken, Ideen, Meinungen schriftlich festzuhalten und zu veröffentlichen, indem das Thema bzw. eine Fragestellung in der Mitte notiert wird und von dort aus Hauptstränge und Verästelungen in alle Richtungen gehen.

1. *Das Team 2: Verpflegung hat sich für ein paar neue, ausgefallene Rezepte entschieden und überlegt, ob diese vielleicht auch in den alltäglichen Speiseplan des Generationenzentrums aufgenommen werden könnten. Dazu wünscht sich das Team ein Feedback der Gäste. Erstellen Sie hierfür einen passenden Feedbackbogen. Berücksichtigen Sie dabei, dass die vielen ausgefüllten Bögen nach dem Fest möglichst unkompliziert ausgewertet werden sollen.*
2. *Nach dem großen Fest treffen sich alle drei Teams zu einer Abschlussrunde, um gemeinsam auf das Fest zurückzublicken. Es soll Feedback ausgetauscht und besprochen werden, was beim nächsten Mal verbessert werden kann. Die Teamleitungen setzen sich vorher zusammen, um auszuwählen, welche Feedbackmethode, für diese Gruppe am besten geeignet ist.*
   a. *Recherchieren Sie weitere Feedbackmethoden (z.B.: Fünffinger, Blitzlicht, Ampel, Stimmungsbild, Zielscheibe, Stimmungsbarometer...). Erstellen Sie eine Tabelle, in der Sie die Methoden mit ihren Vor- und Nachteilen festhalten. Wählen Sie eine Methode für die beschriebene Situation aus und begründen Sie Ihre Wahl.*
   b. *Fertigen Sie eine Übersicht (z.B. als Mindmap) zur Lernsituation an, WER, WO an WEN Feedback gibt.*

Amrhein, Lydia/ Korschetz, Roswitha/ Simpfendörfer, Dorothea: Hauswirtschaft gestalten; Hamburg 2012
Broszinsky-Schwabe, Edith : Nonverbale Kommunikation. In: Interkulturelle Kommunikation. Missverständnisse – Verständigung; Wiesbaden 2011
Brüggemeier, Beate: Wertschätzende Kommunikation im Business. Wer sich öffnet, kommt weiter! Wie Sie Gewaltfreie Kommunikation im Berufsalltag nutzen; Paderborn 2011
Fein, Pini-Karadjuleski : Betriebliche Kommunikation. Fachschulen & Berufskollegs; Köln 2020
Friedrich, K. Fachakademie Nürnberg: Unterrichtsmaterial aus dem Fach Projektmanagement aus dem Jahr 2013, genutzt ab 14.12.2020
Glasl, Friedrich: Konfliktmanagement. Ein Handbuch für Führungskräfte, Beraterinnen und Berater. Stuttgart 2013
https://de.smartsheet.com/sites/default/files/2-Project-Plan-Template-with-Gantt-DE.png (zuletzt aufgerufen am 31.1.2021)
https://dieprojektmanager.com/konflikteskalation-nach-friedrich-glasl/ (zuletzt aufgerufen am 30.7.2021)
https://erfolgreich-projekte-leiten.de/feedback-geben/ (zuletzt aufgerufen am 27.3.2021)
https://erfolgreich-projekte-leiten.de/johari-fenster/ (zuletzt aufgerufen am 27.3.2021)
https://lehrerfortbildung-bw.de/u_sprachlit/deutsch/bs/6bg/6bg3/download/themeneinheit_kommunikationsstoerungen_verstehen_und_vermeiden.pdf (zuletzt aufgerufen am 14.4.2021)
https://lexikon.stangl.eu/829/self-fullfilling-prophecy/ (zuletzt aufgerufen am 01.7.2021)
https://utopia.de/ratgeber/aktives-zuhoeren-techniken-und-methoden/ (zuletzt aufgerufen am 14.4.2021)
https://www.dqr.de (zuletzt aufgerufen am 03.04.2021)
https://www.duden.de/rechtschreibung/heterogen (zuletzt aufgerufen am 18.2.2021)
https://www.duden.de/rechtschreibung/homogen (zuletzt aufgerufen am 18.2.2021)
https://www.duden.de/rechtschreibung/Medium_Vermittler_Traeger#herkunft (zuletzt aufgerufen am 30.7.2021)
https://www.erwachte-kommunikation.de/gfk-12-kommunikationssperren-thomas-gordon.html (zuletzt aufgerufen am 30.7.2021)
https://www.hanisauland.de/node/2057 (zuletzt aufgerufen am 30.7.21)
https://www.haufe-akademie.de/blog/themen/persoenliche-kompetenz/kollegiales-feedback-drei-methoden-fuer-teams/ (zuletzt aufgerufen am 7.4.2021)
https://www.pinselleicht.com/habit-tracker-bullet-journal/ (zuletzt aufgerufen am 31.1.2021)
https://www.projektassistenz-blog.de/praxistipps-darauf-kommt-es-bei-der-projektdokumentation-an/?cn-reloaded=1 (zuletzt aufgerufen am 7.4.2021)
https://www.sign-lang.uni-hamburg.de/hlex/konzepte/l5/l566.htm#:~:text=Definition%3A%20Rationelles%20Arbeiten%20ist%20das,oder%20doppelte%20Wege%20vermieden%20werden. (zuletzt aufgerufen am 14.12.2020)
https://www.suedostschweizjobs.ch/ratgeber/arbeit/leistung-erbringen-wollen-x-koennen-x-duerfen (zuletzt aufgerufen am 30.7.21)
https://www.wirtschaftslexikon24.com/d/kommunikationsst%C3%B6rung/kommunikationsst%C3%B6rung.htm (zuletzt aufgerufen am 14.4.2021)
Knoblauch, J. Prof. Dr. / Wöltje, H.: Zeitmanagement; Freiburg 2008
Mai, Jochen. Killerphrasen: So kontern Sie diese. Hrg. v. Karrierebibel. Online verfügbar unter https://karrierebibel.de/killerphrasen/, zuletzt aktualisiert am 17.01.2021 (zuletzt aufgerufen am 08.04.2021)
Maier, Immo: Ausbildereignung kompakt. Prüfungswissen im Überblick; Berlin 2012
Maier: Ausbildereignung kompakt. Prüfungswissen im Überblick. Berlin 2018
Rave, Anna: Ausbilden in der Hauswirtschaft; Haan-Gruiten 2021
Schlieper, Cornelia: Lernfeld Hauswirtschaft; Hamburg 2018
Schuster, Bernhard: Projektmanagementlehrgang genutzt ab 20.02.2021
Strobel, Heinz: Teamarbeit-Soziale Kompetenz; 2003 In: http://docplayer.org/16097436-Heinz-strobel-teamarbeit-soziale-kompetenz.html (zuletzt aufgerufen am 17.4.2021)

Alamy Ltd., Oxon, Großbritannien: S. 18/2 (Allstar Picture Library Ltd.)

Charta der Vielfalt e. V., Berlin: S. 27/1 (Abbildung frei nach Gardenswartz und Rowe: „4 Layers of Diversity")

Cross Media Solutions GmbH, Würzburg: S. 18/1; 22/2; 23/3; 26; 30/2; 31; 32; 35; 37/1; 38; 45/3

Galas, Elisabeth, Bad Breisig: S. 40/2a–h; Zusatzmaterial

Hummel, Michael, Brieselang: S. 29/2e

iStockphoto, Berlin: S. 2/1 (South_agency); 4/1 (Rawpixel); 5/3 (LuminaStock); 7/1 (MStudioImages); 9 (Rostislav_Sedlacek); 12/2 (NicoElNino); 19/1 (Prostock-Studio); 20/1 (z_wei); 20/3 (vladwel); 29/2b (lauraag); 30/1 (aelitta); 34/1 (monkeybusinessimages); 37/2b (demypic); 40/1 (RossHelen); 47/1 (Antonio_Diaz); 47/2 (IconicBestiary); 48 (Christian Horz)

Schulz von Thun – Institut für Kommunikation, Hamburg: S. 5/4

Shutterstock Images LLC, New York, USA: S. 2/2 (Rawpixel.com); 2/3 (Blan-k); 2/4 (spiral media); 2/5 (Aidul Design); 4/2 (Cosmic squirrel); 5/1 (Anatoliy Karlyuk); 5/2 (aastock); 5–8 Kopfzeilen Kapitel 1 (Topdesigners); 7/2 (Anastasia Gepp); 7/3 (Cosmic squirrel); 8 (Leremy); 10–18 Kopfzeilen Kapitel 2 (FKVT); 12/1 (Sahana M S); 13 (PR Image Factory); 16/a (Vector Icon); 16/b (davooda); 16/c (bsd); 17/a (Vectorium); 17/b (Vectorium); 19/2 (Gencho Petkov); 20/2 (jesadaphorn); 20/4 (Travel and Learn); 20/5 (GorSo); 20/6a (Leremy); 20–29 Kopfzeilen Kapitel 3 (NikWB); 22/1 (Kirsty Hulme); 23/1 (Rufat Khamed); 25 (AnirutKhattirat); 27/2 (james weston); 28/1 (lazyllama); 28/2 (Natalia Golovina); 29/1 (north100); 29/2a (Foodio); 29/2c (Szekeres Szabolcs); 29/2d (Africa Studio); 31–33 Kopfzeilen Kapitel 4 (Maji Design); 33 (ivector); 34/2 (north100); 34/3 (RossHelen); 35–46 Kopfzeilen Kapitel 5 (4LUCK); 36 (MANDY GODBEHEAR); 37/2a (Sascha Preussner); 41 (graficriver_icons_logo); 42/1 (Drawnhy); 42/2 (hvostik); 43/2 (Robert J. Beyers II); 43/3 (sabrisy); 43/5 (J-THE PHOTOHOLIC); 44/1 (Yulia Davidovich); 44/2 (Bochkarev Photography); 44/3 (Prostock-studio); 44/4 (Neutron Design); 44/5 (Africa Studio); 44/6 (Teeradej); 44/7 (Joeahead); 45/1 (McLittle Stock); 46 (jorrisg); 48–51 Kopfzeilen Kapitel 6 (Artizarus) und (Edgar Art); 50/b,c (Trueffelpix); 51 (north100)

stock.adobe.com: S. 23/2 (DigiClack); 43/1a–e (panptys); 44/a–c (panptys); 45/a-b (panptys); 50/a (Trueffelpix)
Verlag Handwerk und Technik GmbH, Hamburg: S. 20/6; 40/2i; 45/2